保育相談支援

大嶋 恭二・金子 恵美 編著

小原 敏郎・金森 三枝・小沼 肇
寺見 陽子・山縣 文治・山岸 道子
山田 勝美・和田上 貴昭 共著

建帛社
KENPAKUSHA

まえがき

　このたび改正された保育士養成課程が2011（平成23）年4月の入学生から適用されるが、新設科目の一つに「保育相談支援」がある。

　この科目は、主として、改定保育所保育指針第6章の「保護者に対する支援」を踏まえて、従来の「社会福祉援助技術」という科目の中で、ソーシャルワーク全般について学んでいたものを、「相談援助」と「保育相談支援」の2科目に分けたものの一つである。

　「保育相談支援」は、児童福祉法第18条の4に基づいた国家資格としての保育士に要請される子どもの保育と、保護者に対する保育に関する指導という業務のなかで、後者の保育に関する指導に中心を置いているものである。すなわち、「保育相談支援」は、保育に関する専門的知識・技術や、倫理・価値等、子どもの保育に関しての専門性に基礎を置いた保育士の保護者支援について学ぶものである。

　したがって、保育の専門性を生かした保護者への支援、すなわち、保育の領域におけるソーシャルワーク的機能の遂行のためには、基礎的なものとして、「相談援助」特に「個別援助技術」（ソーシャルケースワーク）についての学びが必須のものとなってくる。保護者を受け止める、保護者の気持ちに共感し寄り添う、話を良く聴くなどという、保護者等（クライエント）との信頼関係構築のための知識、技術等の学習である。

　この「保育相談支援」が演習1単位であることから、本書も半期15回の授業を演習で行うための参考となるように組み立て、各章、節の終わりには「演習」の枠を設け、学生の学びがより深くなるように配慮している。

　また、この科目と「相談援助」は密接に関係していることから、続いて出版される予定の「相談援助」とともに、一対のものとして使用することによって、より効果的な学習が可能であると思われる。

　2011年4月

編者　大嶋恭二
金子恵美

目　　次

Chapter 1　保育相談支援とは　　1〜8

1. 保育士とは ……………………………………………………… 1
2. 子どもの保育を行う専門職 …………………………………… 2
3. 保護者に対する支援の必要性 ………………………………… 4
4. 保育相談支援の定義 …………………………………………… 6
   (1) 保育士に固有の専門性　6
   (2) 支援技術　6
5. 保育相談支援を学ぶ …………………………………………… 7

Chapter 2　保育相談支援の意義　　9〜16

1. 「保育相談支援」科目設定の背景 …………………………… 9
   (1) 児童・家庭を取り巻く状況の変化と保育所保育指針　9
   (2) 保育士資格の法定化　10
   (3) 保育士養成課程の見直し　12
2. 「保育相談支援」の内容 ……………………………………… 13

　演　習 …………………………………………………………… 15

Chapter 3　保育相談支援の基本Ⅰ　　17〜24
子どもの最善の利益

1. 保育士の倫理及び実践上の価値 ……………………………… 17
2. 子どもの人権と権利 …………………………………………… 18
   (1) 人権と権利　18
   (2) 児童の権利に関する条約と子どもの人権・権利　18

3 子どもの人権・権利と保護者の権利 ……………………………… 19
4 子どもの最善の利益 ……………………………………………… 20
演 習 ……………………………………………………………… 21

Chapter 4　保育相談支援の基本Ⅱ　25〜32
保護者との共感　保育所の特性を生かした支援　保護者の養育力の向上

1 子どもの成長とその喜びの共有 ………………………………… 25
(1) 子どもの成長への視点　25
(2) 育ちの喜びの共有のために　26

2 保護者の養育力の向上に資する支援 …………………………… 27
(1) 保護者のもつ力に気付く　27
(2) 不安や課題への対処　28
(3) 保育相談の場に求められる支援の視点　30

演 習 ……………………………………………………………… 31

Chapter 5　保育相談支援の基本Ⅲ　33〜40
信頼関係の形成　プライバシーの保護

1 信頼関係を築くために求められる姿勢と技術 ………………… 33
(1) 傾 聴　34
(2) 受 容　35
(3) 共 感　35

2 自己決定の尊重 …………………………………………………… 36
3 秘密保持と個人情報の取扱い …………………………………… 36
演 習 ……………………………………………………………… 38

Chapter 6　保育相談支援の基本Ⅳ　41〜48
地域の関係機関等との連携・協力

1 地域の社会資源の活用 …………………………………………… 41

		(1) 地域における保育所の役割　41
		(2) 地域の社会資源　41
	2 関係機関等との連携・協力 …………………………………… 43
		(1) 保護者支援を行う機関・施設等　43
		(2) 連携・協力の方法　44
	演　習 ………………………………………………………………… 45

Chapter 7　保育相談支援の実際Ⅰ　49〜56
保育に関する保護者に対する支援

1 今，保護者に対する支援において求められる保育者の役割 …… 49
2 保護者への保育支援の実際 …………………………………… 50
	(1) 園に入所している子どもの保護者に対する支援　50
	(2) 地域の子育て家庭への支援　51
3 保育支援に求められる専門性 ………………………………… 53
	(1) 保育支援を行っている保育者の実際　53
	(2) 保育支援に求められる専門性とは　54
演　習 ………………………………………………………………… 56

Chapter 8　保育相談支援の実際Ⅱ　57〜64
保護者支援の内容

1 保育所の特性を生かした保護者支援 ………………………… 57
2 家庭との緊密な連携 …………………………………………… 57
	(1) 子どもの豊かな心情，意欲，生活　58
	(2) 子どものよさ，その子どもらしさ　58
	(3) 保育（子育て）の取り組み　58
3 入所児童の保護者への支援 …………………………………… 59
4 地域子育て支援 ………………………………………………… 61
5 特別な対応が必要な家庭への支援 …………………………… 61
演　習 ………………………………………………………………… 62

Chapter 9　保育相談支援の実際Ⅲ　65〜72
保護者支援の方法と技術

- **1** 入所児童の保護者支援 …………………………………………… 65
  - （1）保育と密接に関連した保護者支援の場面　65
  - （2）日々のコミュニケーション　66
  - （3）保護者の参加　67
  - （4）ピアサポート　67
  - （5）相談・助言　67

- 演　習 …………………………………………………………………… 69

Chapter 10　保育相談支援の実際Ⅳ　73〜80
保護者支援の計画，記録，評価，カンファレンス

- **1** 支援の計画の作成の意義と視点 ……………………………… 73
- **2** 計画作成のプロセス …………………………………………… 73
  - （1）関わりと気付きの場をつくる　73
  - （2）ニーズのキャッチ　74
  - （3）情報の収集とアセスメント　74
  - （4）カンファレンスの実施　74
  - （5）支援計画の作成　75
- **3** 記録によるモニタリングと評価 ……………………………… 76
  - （1）記録の作成　76
  - （2）ケース・カンファレンスの実施と関係機関との連携　76
  - （3）残された課題とフォローアップ　76

- 演　習 …………………………………………………………………… 77

Chapter 11　児童福祉施設における保育相談支援Ⅰ　81〜88
保育所における保育相談支援の実際

- **1** 親が子どもを育てるという営み ……………………………… 81
- **2** 保育所に子どもを委託して生活する家庭や家族の状態 ……… 82

3 保育所の現状 …………………………………………………… 83
4 保育所における相談支援の意義と方法 …………………………… 84
(1) 事例から考える　84

演　習 …………………………………………………………… 87

Chapter 12　児童福祉施設における保育相談支援Ⅱ　89〜96
保育所における特別な対応を要する家庭への支援

1 特別な対応を要する家庭とは ……………………………………… 89
(1) 子どもに対する関わり方　89
(2) 子どもの心身の課題　90
(3) 親の状況に関するもの　90

2 支援の際に配慮すべき点 …………………………………………… 91
(1) 保護者の不安や心配に寄り添うこと　91
(2) 適切な情報提供　91
(3) 直接的な関わり　92

3 就学に向けて ………………………………………………………… 92

演　習 …………………………………………………………… 93

Chapter 13　児童福祉施設における保育相談支援Ⅲ　97〜104
児童養護施設等要保護児童の家庭に対する支援

1 要保護児童の家庭の状況について ………………………………… 97
(1) 入所までの経過の中で何が起きているのか　97
(2) 保護者との関係はどうなっているのか　98

2 施設における保育相談支援の目標とは何か ……………………… 98
(1) 施設における親子関係の特徴　99
(2) 支援目標について　100

3 施設における保育士の保育相談支援における役割について …… 101
(1) 家庭支援専門相談員との連携　101

4 施設における保育相談支援のあり方について ………………… 102

(1) 保護者の課題の把握　102
(2) 関係性の構築　102
(3) 課題の共有と直面化　103

演　習 ………………………………………………………………… 104

Chapter 14　児童福祉施設における保育相談支援Ⅳ　105〜112

障害児施設における保育相談支援　母子生活支援施設における保育相談支援

1 障害児施設の保護者への保育相談支援 ………………………… 105

(1) 障害がある子どもの保護者の障害受容　105
(2) 障害がある子どもの保護者の"おもい"　106
(3) 保育相談支援を行う保育士等が求められているもの　106

演　習 ………………………………………………………………… 107

2 母子生活支援施設における保育相談支援 ……………………… 109

(1) 母子生活支援施設と利用者　109
(2) 母子生活支援施設における保育相談支援　109
(3) 父子家庭に対する支援　110

演　習 ………………………………………………………………… 111

Chapter 15　保育士に求められる保育相談支援　113〜116

1 保護者への対応 …………………………………………………… 113
2 保育士に求められる保育相談支援 ……………………………… 115
3 ポイント …………………………………………………………… 116

Chapter 1 保育相談支援とは

ねらい
① 保育相談支援とは何かを理解する。
② 保育相談支援を学ぶ意義と目標を理解する。
③ 演習を通して学ぶことの意義と方法を理解する。

1 保育士とは

次の事例は、保育士になったA子さんの経験である。

《保育士になったA子さん》
　子どもが好きだから保育士になりたい……。そんなあこがれをいだいて、A子さんは保育士を養成する学校に入学した。子どもの遊び・活動・生活全般にわたる幅広い授業・実習があり、夏休みも春休みも削って日々勉強に励んでいる。保育士にはこんなにも多くの専門知識と技術が必要なことに驚きながらも、学ぶにつれて子どもの世界が鮮やかに見えてきて、保育士になりたいという夢が一層ふくらんでいく。
　4月、A子さんは保育士として保育所の門をくぐった。初めての担当は2歳児クラス。保育に悩むことも多いが、夢中になって子どもと一緒に過ごす時間はとても充実している。毎朝、「おはよう」と声をかけると、にっこり笑って「オハヨー」と返してくる子どもたちはとてもかわいい。元気なTくんは、登園してA子さんを見つけると、駆け寄って抱きついてくる。「保育士になってよかった」と感じる瞬間である。
　ところが6月になって、Tくんが朝、母親を追って泣くようになった。母親はこのところ忙しい様子で、あわてて登園してくると仕事に遅れることを気にして、ぐずぐず泣いているTくんをせかしている。A子さんは、「お母さんがもう少し余裕をもって付き合ってあげれば、Tくんの気持ちも落ち着くのに……」と思い、気になりながらその様子を見ていた。ある朝、出来事が起きた。

《ある朝の出来事》
　登園してきたTくん（2歳）は母親から離れようとせず、A子さんが遊びに誘っても振り向かずに母親にしがみついて泣いていた。母親はいらいらした様子で「仕事に

遅れるから，もうバイバイしようね」などと言い聞かせていたが，Tくんは「ヤダー，ヤダー」と言い続けている。すると母親は突然，「いいかげんにしなさい！ そんなに保育園が嫌いなの!?」と，Tくんを叱りつけた。さらに心配して様子を見守っていたA子さんに対して，「先生ももっとしっかりしてください！ 保育士だったら子どもを泣きやませることぐらいできるでしょう‼ 毎朝こうでは，仕事にも行かれません！」と言うと，泣き声をはり上げるTくんを振り切るようにして，そのまま園を飛び出していった。その後をTくんが泣きながら追いかけていく。A子さんがあわててTくんを引き留めようとすると，「ヤダー，ヤダー，ママー」とA子さんの手を振り払って，裸足のまま門を出て外に走っていった。ちょうどそこに登園してきた同じクラスのB子ちゃんの母親がTくんを抱きとめ，なだめながら園に入ってきた。A子さんは「すみません‼」と，B子ちゃんの母親に頭を下げ，「ママ〜！」と泣いているTくんを抱いて，「お母さんはお仕事だからね。おやつを食べたら帰ってくるからね」「Tくんの大好きな折り紙をしようか」など，言い聞かせたり，気持ちを遊びに向けようとした。しかし，Tくんは，ますます声をはり上げて泣いている。A子さんはどうしてよいかわからず，自分も泣きたくなってしまった。

◆このエピソードを読んで，あなたが感じたことを自由に書いてみよう

2　子どもの保育を行う専門職

　児童福祉法はその冒頭で，すべての子どもは，安心して生活し，おとなから愛されて生きる権利をもっていることを記している。また，保育所保育指針は保育所の役割や目的について，子どもの保育を行い，その健やかな育ちを図ることを目的とする児童福祉施設であると定めている。保育士はそのような子どもの幸せのために，子どもを直接的に保育する専門職である。したがってこのような場面で，まずは子どもに直接的にどう対応するかを考えることが，重要である。

《児童福祉法　第1条》
　すべて国民は，児童が心身ともに健やかに生まれ，且つ，育成されるよう努めなければならない。

②　すべて児童は、ひとしくその生活を保障され、愛護されなければならない。

《保育所保育指針　第1章総則　／2．保育所の役割》

(1)　保育所は、児童福祉法（昭和22年法律第164号）第39条＊の規定に基づき、保育に欠ける子どもの保育を行い、その健全な心身の発達を図ることを目的とする児童福祉施設であり、入所する子どもの最善の利益を考慮し、その福祉を積極的に増進することに最もふさわしい生活の場でなければならない。

《保育所保育指針　第1章総則　／3．保育の原理　(1) 保育の目標》

ア　保育所は、子どもが生涯にわたる人間形成にとって極めて重要な時期に、その生活時間の大半を過ごす場である。このため、保育所の保育は、子どもが現在を最も良く生き、望ましい未来をつくり出す力の基礎を培うために、次の目標を目指して行わなければならない。

＊児童福祉法　第39条
保育所は、日日保護者の委託を受けて、保育に欠けるその乳児又は幼児を保育することを目的とする施設とする。
②　保育所は、前項の規定にかかわらず、特に必要があるときは、日日保護者の委託を受けて、保育に欠けるその他の児童を保育することができる。

◆あなたがA子さんであれば、泣いているTくんにどのように対応するか、具体的な対応例をいくつでも挙げてみよう

　　子どもは行きつ戻りつしながら発達していくのであり、この事例のように、これまで園生活を楽しみに登園していたのに、親との別れ際に泣くようになったというような、一見すると後戻りしたような姿が見られることは少なくない。しかし、乳幼児期の発達課題は、特定のおとなとの間に愛着関係を結ぶことであり、そのようなおとなとの関係を心理的基地として、子どもは主体的に環境に働きかけていく。疲れたり、不安なことに出会ったときに、幼児はこの心理的基地に戻り安心して甘えることで力を蓄えて、また外の世界へと探索に出かけていく。言い換えれば、行動範囲が広がり探索活動が盛んになってきたからこそ、大好きな母親のもとに戻って甘えているともいえよう。特に、2歳児は自我が育つ時期であり、母親を引き止めようとするのは、Tくんの自己主張の現れでもある。

　　このような子どもの発達過程や心情を考えると、なんとか泣き止ませようとするのではなく、まずは、母親と別れがたい気持ちや甘えたいという子どもの思いを共感的に理解し、それを受け止め支えることが重要であることがわかる。例えば、「Tくんの泣きたい気持ち、先生もよくわかるよ」「お母さんのこと、大好きなんだものね」「お母さんとバイバイするのは寂しいね」「先生と一緒にお母さんを玄関まで送りにいこうか」などと語りかけ

て抱きしめたならば，TくんはA子さんの手を振り払ったであろうか？もちろん，一人一人の状況や個性は異なり，保育に画一的な正解はない。気分転換が有効な子どもや，事情を説明することで納得したり我慢できる子どももいるであろう。保育士には，その場でそれぞれの子どもの思いを汲み取り共感的理解を示した上で，子どもの状況・発達や個性に応じて，応答的に対応する実践力が求められる。保育士としての専門性を高めるためには，このような具体的な場面に即して，子どもの思いや保育士の対応について考え，さらにはみんなで話し合うことで多面的な視点を培うことが重要である。

3 保護者に対する支援の必要性

　しかし保育の質を高めるための努力だけでは，保育士としての専門性を満たしているとはいえない。保育士とは，子どもの保育と同時に，保護者に対する支援を行う専門職だからである。このことは，2001年の児童福祉法改定によって明確にされ，2009年から実施されている改訂保育所保育指針でも，子どもを保育するとともに，子どもの保護者に対する支援を行うことを責務としている。

　その理由は，子どもの発達の基盤は家庭にあり，健やかな育ちのためには，家庭生活と親子関係の安定が不可欠であることによる。そもそも子育ては一人でできるものではなく，人々のぬくもりが必要である。ところが子どもを取り巻く環境の変化に伴い，今日，孤立して子育てをしている保護者が少なくない。そこに育児疲労や育児不安など子育てをめぐる多様な問題が生じ，児童虐待の深刻化等につながっている。一方で，そのことが子どもにとっても様々な人と関わる機会や生活体験を少なくしており，育ちに影響を及ぼしている。このような子ども・家庭・地域の状況から，今日，子育てへの様々な社会的支援が必要とされている。保育の専門職である保育士には，子どもに最もふさわしい生活のモデルを示し，家庭と協働して子育てを行っていくことが求められている。つまり，保育士には，「子どもが好き！」という熱い思いと同時に，子どもの育ちの基盤となる保護者と信頼関係を築く力や，連絡を密にして協力する力，それぞれの家庭が必要としている支援を行う力も必要である。

《児童福祉法　第18条の4》
　この法律で，保育士とは，第18条の18第1項の登録を受け，保育士の名称を用いて，専門的知識及び技術をもって，児童の保育及び児童の保護者に対する保育に関する指導を行うことを業とする者をいう。

《保育所保育指針　第1章総則　／2．保育所の役割》
（4）　保育所における保育士は，児童福祉法第18条の4の規定を踏まえ，保育所の役割及び機能が適切に発揮されるように，倫理観に裏付けられた専門的知識，技術及び判断をもって，子どもを保育するとともに，子どもの保護者に対する保育に関す

る指導を行うものである。

◆Tくんの母親はどのような気持ちだったのだろうか。母親の立場に立って、考えてみよう

　先に見てきたように、子どもが母親を求めることは当然のことであり、どの子どもも多かれ少なかれ、保護者の後追いをする時期がある。しかし、事例のように、保護者の側にこれを受け止める余裕がないときもある。核家族化が進む今日、周囲に支援をしてくれる親族や地域の人々がなく孤立して子育てをしている場合は、特に育児・家事と仕事の両立に疲労感や負担感を感じていることが少なくない。また少子高齢社会に育ち、子育ての知識や実体験が少ない保護者は、子育てに戸惑いや不安、煩わしさなどを感じることもある。あるいは、泣いている子どもを保育所に残して仕事に出かけることに罪悪感を感じ、働くことや子育てに迷いや不安をもつこともある。

　このような保護者の不安や揺れ動きに対して、保育士が行う支援の中で最も大きな役割は、一人一人の子どもと家庭の状況を把握して、園と家庭での生活のつながりに配慮し、子どもの発達の連続性を確保することである。例えば母親が忙しくゆとりがない家庭状況の中で、子どもが不安定になっているとしたら、まずは保育士がゆったりと子どもと関わる。さらに、母親の子どもへの思いや、子どものために努力していることを子どもと共に確認し、親子のコミュニケーションを側面から支える。この事例であれば、Tくんの気持ちに寄り添い、好きな折り紙を一緒に折りながら、時々、母親を思い出して寂しくなるTくんに、「お母さんはTくんのために、いつもお仕事から走って帰ってきてくれるね」と声をかけたらどうだろうか。子どもは母親に愛されていることを確認し、その母親のために折り紙でプレゼントを作ろうと思いつくかもしれない。それは家での親子の会話につながっていくことにもなる。つまり、保育士は子どもと共感関係を結ぶことで子どもの情緒の安定を図り、主体的な活動の原動力となり、その育ちを直接的に支えていく。同時に親子の絆をしっかり結ぶために、子どもと保護者のそれぞれの思いを理解し橋渡しをすることも、保育士の役割である。

　また、家庭とは、子どもと同時に保護者にとっても、ほっとしてくつろいだり、疲れを休める場である。子育てが楽しく生き甲斐を感じていたとしても、時には疲れたり悩んだりすることもある。そのような保護者のありのままを受け止め、母親の思いに耳を傾けることも、保育士が行う家庭支援の大切な過程である。保護者は子育てを支えてくれる人が身近にいるというぬくもりを感じることによって、子育ての喜びを改めて知ることができよう。

4 保育相談支援の定義

　児童福祉法において保育士の責務として保護者を支援することが明確となったことを受けて，保育所保育指針にも，保育士の専門性を生かした援助を行うことが定められた。このような保育士が家庭を支援していく際の専門知識と技術を「保育相談支援」と呼ぶ。保育士は18歳未満のすべての子どもの保育（養育）とその家庭を支援する専門職であることから，この技術は18歳未満の子どもに関わる保育・養育・子育て支援のすべての現場で用いられるものといえる。

　ここでは，保育所保育指針の解説書を参考としながら，保育相談支援の固有性を明確にする。

（1）保育士に固有の専門性 ― 保育と家庭支援の一体化 ―

　家庭支援を行うに際して，他職種と異なる保育士に固有の専門性は，「子どもの保育の専門性を有する保育士が，保育に関する専門的知識・技術を背景としながら」行うという点にある。つまり，保育と家庭支援が一体化して行われるものである。ただし，その基盤には対人援助に共通の専門性が不可欠であり，保育相談支援においても「保護者の自己決定」「保護者の気持ちの受け止め」が重視される。その上で保育に関する専門的知識・技術を生かして「安定した親子関係」「養育力の向上」を図るための支援を行う。

（2）支援技術

　保育相談支援の対象は，保護者が支援を求めている子育ての問題や課題である。つまり専門職による「指導」ではなく，保護者からの求めに応じて行う「支援（サポート）」であり，保護者の自己決定が原則となる。ただし，専門機関での相談は保護者や周囲が相談しなければならない事情が明白となっているが，保育の現場でのニーズは漠然としていることが特徴である。あるいは保育士の側が課題に気付いていても，保護者は問題と感じていない場合も多い。支援が必要な保護者ほど，自ら支援を求めてこないという実態もある。一方で，問題が顕在化してから関わることとなる専門機関とは異なり，地域に身近な保育の現場は，問題が深刻化しないうちから利用することで，課題に早期に気付き対応することができ，予防活動としても有効である。

　このためには，①いかに日々のコミュニケーションを深めるか，②保護者自身が気付きを得るための場や機会を柔軟に用意できるか，③保護者の求めを確実にキャッチすることができるか，④保護者と保育士の両者間で合意できるか，⑤支援のプロセスが適切か，などが問われる。

　そこで用いる支援技術として，①子どもの養育（保育）に関する相談，助言，②行動見本（モデル）の提示，③その他の援助業務の総体，が挙げられる。

> 《保育所保育指針　第1章　総則　／3．保育の原理　（1）保育の目標》
> 　イ　保育所は，入所する子どもの保護者に対し，その意向を受け止め，子どもと保護者の安定した関係に配慮し，保育所の特性や保育士等の専門性を生かして，その援助に当たらなければならない。
>
> 《保育所保育指針　第6章　保護者に対する支援》
> 　保育所における保護者への支援は，保育士等の業務であり，その専門性を生かした子育て支援の役割は，特に重要なものである。保育所は，第1章（総則）に示されているように，その特性を生かし，保育所に入所する子どもの保護者に対する支援及び地域の子育て家庭への支援について，職員間の連携を図りながら，次の事項に留意して，積極的に取り組むことが求められる。
>
> 《保育所保育指針解説書　第6章　保護者に対する支援／コラム：保育指導の意味》
> 　子どもの保育の専門性を有する保育士が，保育に関する専門的知識・技術を背景としながら，保護者が支援を求めている子育ての問題や課題に対して，保護者の気持ちを受け止めつつ，安定した親子関係や養育力の向上をめざして行う子どもの養育（保育）に関する相談，助言，行動見本の提示その他の援助業務の総体をいいます。

5　保育相談支援を学ぶ
――演習を通して保育相談支援の技術を自らのうちに取り込む――

　保育相談支援は2011年度から保育士養成校の必修科目となったが，この科目の特徴は演習という形態にある。つまり知識を一方的に伝えることではなく，事例などを通して学生が自ら考え，振る舞うことで，家庭支援のための専門技術を自身のうちに取り込み，保育の現場で柔軟に活用できるための基礎を築くものである。

　したがって，本書では習得すべき知識のポイントを示した上で，これを学ぶための演習を多く提示した。これを通して学生が自ら気付きを得たり，自己を振り返ることができよう。また，他者の考えを聞くことを通して，視野の広がりや自己覚知を深めることができる。グループワークを通して，協力し合うことやチームの一員として働くことを学ぶこととなる。

　なお，厚生労働省が示している教科目の教授内容によれば，「保育相談支援」の目標は次のとおりである。

> 《保育相談支援（演習，1単位）》
> 目標
> 1．保育相談支援の意義と原則について理解する。
> 2．保護者支援の基本を理解する。

3．保育相談支援の実際を学び，内容や方法を理解する。
4．保育所等児童福祉施設における保護者支援の実際について理解する。

　さて，事例に挙げたＡ子さんは，この出来事を通して，自分は保護者から信頼されていないのではないかと思い悩んだ。これをきっかけに自分自身を振り返ると，これまで子どもにしか目が向いていなかったこと，子どもの最善の利益のためには背景にある家庭についても理解し支援する力が必要であることを痛感した。保育士になったばかりの若いＡ子さんにとって辛い体験だったが，それでも「子どもが好き」という原点が揺らぐことはなく，子どもと共に成長していくことを望んだ。その後，Ａ子さんは「保育相談支援」について学ぶこととした。その結果は，15章（p.113～）で記すこととする。

Chapter 2 保育相談支援の意義

> **ねらい**
> ① 「保育相談支援」という科目設定の背景を理解する。
> ② 保育士の専門性と保育相談支援の関係について理解する。
> ③ 保育相談支援の内容などについて理解する。

1 「保育相談支援」科目設定の背景

(1) 児童・家庭を取り巻く状況の変化と保育所保育指針

　今（2011年）から約15年前の1996（平成8）年，中央児童福祉審議会より児童福祉法の見直しを意図する中間報告書が出された。この見直しは，少子化の進行，夫婦共働き家庭の一般化などといった児童家庭をめぐる環境の変化，あるいは家庭や地域の子育て機能の低下に伴う児童虐待や不登校児童の増加など，児童家庭の問題が複雑化，多様化していることに対して，1947（昭和22）年制定の児童福祉法を基盤とする児童家庭福祉サービスが適切に対応できなくなっていることなどを背景にして始まり，これを受けて1997（平成9）年，児童福祉法の一部が改正された。改正の内容として，保育施策での大きな改正は，保育所への入所がそれまでの市町村による措置（行政処分）であったものから，選択利用システムの導入に変更するというもので，保護者が希望する保育所への入所ができるようになったことである。いわゆる"供給者サイドの福祉から利用者サイドの福祉へ"という福祉サービス供給システムの今日的潮流の一つの現れであった。

　援助を必要とする児童の自立支援策では，一人一人の児童が各々の自己実現と他者への貢献を両立させることができる人間として生きていくことができるよう，その自立を支援するという基本理念に基づき，各施設の機能や名称が見直された。さらに，家庭や地域の子育て機能の低下に対応するため児童相談所の強化を図るとともに，身近できめ細かい相談支援体制の強化を図るため児童家庭支援センターを創設した。また，母子家庭施策としては，自立のための雇用確保，促進を図ること及び母子寮の機能として，従来の住居の提供，保護から母子家庭の自立を支援することをより明確にし，名称も「母子生活支援施設」とした。以上のように，この改正は，子育てしやすい環境の整備，児童の健全育成，自立支援といった基本理念をもとに50年振りに大幅な改正がなされたものであった。

　この児童福祉法の改正を受け，少子化の進行や保育需要の増大，家庭や地域の養育機能の低下などに対応するため，2000（平成12）年に保育所保育指針が改訂，施行された。そ

の概要は，①児童や家庭を取り巻く環境などの変化に対応して，保育所と家庭・地域社会・専門機関等との連携，協力関係の必要性を明確化したこと，また研修を通じた専門性の向上，体罰の禁止など保育士の保育姿勢に関する事項を新設したこと，②保育事業に関する諸変化に対応するものとして，乳児保育，延長保育，地域子育て世帯への育児支援等，多様な保育ニーズへの対応について新たに記載したこと，③保育実践，医学保健的研究の進歩に対応して，乳幼児突然死症候群の予防，アトピー性皮膚炎対策，児童虐待等不適切養育等への対応などの課題について新たに記載したものであった。

さらに，2008（平成20）年保育所保育指針が改定された（2009年施行）。「保育所保育指針解説書」では，その背景として，2000（平成12）年の改訂から8年を経過していること，子どもの生活が，家庭や地域の中で自然や人と関わる機会や経験が少なくなっていること，子どもにふさわしい生活時間や生活リズムがつくれないなどのように変化していること，一方で，養育力の低下や不安や悩みを抱える保護者が増加していること，また児童虐待などが増加していることなど，児童家庭を取り巻く環境が変化していることに対応する必要性から見直しとなったものである。

また近年では，保育所を含めて地域における多様な子育て支援活動が展開され，その知識・技術が蓄積されつつあること，一時保育や延長保育などの多様な保育ニーズへの対応が進んでいることと同時に，保護者と保育士等の保育所職員との適切な関係構築が必要とされるに至っていること，2006（平成18）年，幼稚園と保育所の機能を一体化した「認定こども園」制度が創設されたこと，また同年，教育基本法が改正され，幼児期における就学前教育の充実が課題になっていること，さらに，仕事と生活の調和（ワーク・ライフ・バランス）が求められている現在，地域の中で働きながら子育てをしている家庭を支えるものとしての役割が保育所に期待されていることなど，保育所を取り巻く変化があることも見直しの背景となっている[1]。

（2）保育士資格の法定化

2001（平成13）年に，児童福祉法の一部が改正され，保育士が社会福祉士などと同様の国家資格となった（2003年施行）。

そもそも国家資格とは，国会で審議され，議決によって制定された「法律」によって位置付けられているものであるが，児童福祉法の第18条の4で，「保育士とは，第18条の18第1項の登録を受け，保育士の名称を用いて，専門的知識及び技術をもって，児童の保育及び児童の保護者に対する保育に関する指導を行うことを業とする者をいうものとすること」と定義し，厚生労働大臣の指定する保育士養成施設の卒業者又は保育士試験合格者が保育士となる資格を有するものとしている。さらに第18条の18では，「保育士となる資格を有する者が保育士となるには，都道府県に備える保育士登録簿に，氏名，生年月日その他厚生労働省令で定める事項の登録を受けなければならない」と定めている。

すなわち，保育士とは，保育士の名称を使用して児童の保育及び保育に関して保護者の指導を行うことを業とする者であって，保育士登録簿に登録をした者というように，その資格を児童福祉法上に明確に位置付けている。そしてこの定義の「児童の保護者に対する

保育に関する指導を行うこと」に関連して，児童福祉法第48条の３（保育所の情報提供等）の第２項に，保育所に勤務する保育士は，乳幼児に関する相談に応じ，助言を行うための知識及び技能の修得，維持及び向上に努めなければならないことを付け加えている。

　また，保育士の信用を傷つけるような行為をしてはならないこと（第18条の21）及び守秘義務に違反したときには，都道府県知事はその登録を取り消すことができることや，罰則規定として，正当な理由がなくその業務に関して知り得た人の秘密を漏らしてはならないこと（第18条の22），保育士でない者は保育士又はこれに紛らわしい名称を使用してはならないこと（第18条の23）などを定め，これらに違反した場合には１年以下の懲役か30万円以下の罰金を義務付けている。すなわち，ここでは，保育士としての信用失墜行為の禁止，守秘義務，保育士資格所有者以外の者の保育士の名称の使用禁止（名称独占）並びに罰則規定などが明確に示されている。法施行前の保育士資格は，1948（昭和23）年の児童福祉法施行令の第13条において，「児童福祉施設において，児童の保育に従事する者を保育士といい，厚生労働大臣の指定する保育士を養成する学校その他の施設を卒業した者，保育士試験に合格した者をもってこれに充てる」とし，児童福祉施設で保育士としての業務を行うことを認めている任用資格であり長い歴史をもっていた。養成課程についても，保育士を養成する学校その他の施設におけるカリキュラムは，厚生省（現厚生労働省）児童家庭局長（現雇用均等・児童家庭局長）通知により示され，全国的に統一した教育課程を修めた者が取得できるようになっていた。しかしながら，社会福祉領域における新しい資格，すなわち，1987（昭和62）年の社会福祉士・介護福祉士法に基づく社会福祉士，介護福祉士，あるいは1997（平成９）年の精神保健福祉士などは，それぞれの法律に基づく資格，いわゆる国家資格であり，養成課程においても，教科目の教授内容，時間数，教員の要件などが細かく規定されている。また，ある部分で保育士資格に隣接している要素が強い幼稚園教諭は，やはり法律（教育職員免許法）によって位置付けられている資格であり，養成課程では，社会福祉関連資格や保育士資格などと比べると包括的ではあるが，取得単位，教科目の系列，教育実習などについての規定がある。

　また，専門職としての一つの要素である名称独占，業務独占について見ると，助産師，看護師，幼稚園教諭などは，法律によって，その資格をもつ者以外はその業務に就くことを禁止しているもので，「業務独占」にあたるものである。一方，法律でその資格をもつ者以外の者がその名称を使用することを禁じているものが「名称独占」であり，助産師，看護師，社会福祉士，介護福祉士，精神保健福祉士等がこれにあたる。全国約23,000の保育所で専任の保育士として保育に従事しているほとんどの者が保育士資格取得者であることから，実質的には業務独占であるにもかかわらず，保育士資格は，業務独占も，名称独占もどちらの規定もないものであった。それまでの保育士資格の法的位置付けは，その養成の歴史の長さ，保育，教育，福祉，心理，保健・医療，保育実習等児童の発達援助に関わる幅広い教育課程による養成，また保育所における実質上の業務独占などにもかかわらず，他の専門職と比べてより低くなっていた。しかしながら，保育士の国家資格化は，保育士の専門性の確立や保育・養護サービスの質の向上に貢献することへの期待大なるものがあることが示されたものであった。

(3) 保育士養成課程の見直し

　保育士養成施設（保育士養成校）におけるこれまでの養成課程は2002（平成14）年4月から施行されていた。1997（平成9）年の児童福祉法の改正，1999（平成11）年の保育所保育指針の改訂等を受けて改められたものである。その内容の特徴は，必修科目として新設された「家族援助論」や，また「社会福祉Ⅱ」から名称変更された「社会福祉援助技術」などに見ることができる。これらの科目は，近年の家族を取り巻く環境の変化の中で，児童虐待の顕在化に典型的に見られるように，家族関係に起因する様々な問題の理解及び家族の養育機能の支援，いわゆる子育て支援などの役割，機能，すなわちソーシャルワーク的機能を果たすことが，これからの保育士に要請されるようになったことから，新設，あるいは必修科目として指定されている。この保護者に対する相談援助的機能（ソーシャルワーク的機能）を保育士に求める流れは，2001（平成13）年の児童福祉法の一部改正による保育士の法定化で一層明確になった。

　そして，2011（平成23）年度から施行されたこのたびの保育士養成課程の改正となった。

　これまでも，保育・福祉ニーズに直接・間接に影響する社会・時代の変化や保育所保育指針の改訂等を受け，養成課程が改正されていた。今回も保育所保育指針が改定された（平成21年4月より施行）こと，虐待の増加などに典型的に見られる家族の養育機能の脆弱化や，何らかの意味で特別な配慮の必要な子どもの増加など児童・家庭問題の複雑化・多様化などを背景とし，これらの変化に対応できる保育士の専門性の向上を図る観点などから見直されることになった。

　改正の内容は，まず，保育士資格の取得は，現行どおり2年間養成課程を基盤とし，最低履修単位数も現行どおり68単位となっている。ただ，教科目については新設されたものもある。例えば，保育所保育指針において，保育が保育課程を基にして計画・実践・省察・評価・改善というサイクルで進められていくことの重要性に鑑みて，保育課程の編成が義務付けられたことなどを背景として「保育課程論」がある。また，「保育者論」も新設されたが，これは従来の保育原理（4単位）から分離されたものである。これらの科目は一方で現在，保育士養成施設の約85％において，保育士資格と共に，幼稚園教諭免許状が取得できることになっていることから，今回示された教科目の目標と内容を踏まえることによって，教員免許取得の科目と読み替えることも可能となっている。また，「保育相談支援」が新設されたが，これは保育士の「保護者に対する保育に関する指導」（児童福祉法第18条の4）について具体的に学ぶことの重要性から設けられたものである。これまでは，「社会福祉援助技術」という科目の中で，ソーシャルワーク全般について学んでいたものから，保護者支援の部分に特化したもので，今回示された教科目の概要に沿った教授内容と共に，教える側の専門性の問われる局面でもある。これらの新設科目以外は，科目の統合，名称の変更などであり，基本的には，現行のものと変わらないと思われるが，ただ，現行の「精神保健」が「子どもの保健」に，「発達心理学」「教育心理学」が「保育の心理学Ⅰ・Ⅱ」に統合されたことから，今後の授業展開において工夫を凝らす必要のあるものである。

また，今回の改正の大きなものとして挙げられるものに，「保育実習Ⅰ」の実習先の拡大がある。すなわち，従来の「保育実習」では保育所のほかに，居住型の児童福祉施設での実習が義務付けられていたが，実習受け入れ先確保の面での困難さから，従来の居住型施設に加えて，障害児（者）等の通所型施設での実習を可能にしたものである。

　今回は以上のような内容で改正されているが，4年制保育士養成課程の創設や大学院教育による保育士養成，保育士養成施設（養成校）卒業に加えて国家試験を課すこと，現行の保育士試験のあり方や保育士のキャリアアップなどについては，今後の課題として残されており，引き続き検討が必要とされるものである。

　また，保育士試験についても，保育・福祉の現場に多様な人材の確保などの面で一定の役割を果たしてきていることを評価しつつ，保育士養成課程の見直しと同様の観点から検討され，2013（平成25）年の保育士試験から施行される予定である。見直しの主旨は，保育士養成課程の改正案を「保育士試験出題範囲」に反映させること，養成課程の教科目のうち試験科目にない科目について配慮すること，養成課程と異なって，保育実習が行われないことなどを踏まえ，実技試験等において，保育実践力や応用力を問う内容にするなどの配慮をすることなどである。

2 「保育相談支援」の内容

　「保育相談支援」の教授内容は，表2-1のとおりであるが，2009（平成21年）3月に厚生労働省より示された「保育士養成課程等の改正について（中間まとめ）」では，「保育所保育指針第6章の内容を踏まえ，保育実践に活用され，応用される相談支援の内容と方法を学ぶ。その際，『相談援助』『家庭支援論』等の科目との関連性や整合性に配慮することが必要である」とされている。

　保育所保育指針第6章は，保護者に対する支援に関するもので，保育所保育指針解説書では，保育所における保護者への支援は保育士の業務であり，その専門性を生かした子育て支援の役割が重要なものであるとしている。その上で，保育所はその特性を生かし，保育所に入所する子どもの保護者に対する支援及び地域の子育て家庭への支援に，積極的に取り組むことが求められるとしている。そして，保護者支援の原則として，児童福祉法の第18条の4の保育士の定義をもとに，「保育士の重要な専門性の一つは保育であり，二つは児童の保護者に対する指導（以下「保育指導」という）です。以下に度々触れるように，保育士等の保護者に対する支援は，何よりもこの保育という業務と一体的に深く関連していることを常に考慮しておく必要があります」とし，さらに，「保育指導」の意味を，コラムで，「子どもの保育の専門性を有する保育士が，保育に関する専門的知識・技術を背景としながら，保護者が支援を求めている子育ての問題や課題に対して，保護者の気持ちを受け止めつつ，安定した親子関係や養育力の向上を目指して行う子どもの養育（保育）に関する相談，助言，行動見本の提示その他の援助業務の総体をいいます」と示している。

　このように，「保育相談支援」という科目は，現代の家庭の養育機能の低下，不安や課

表2－1　教科目の教授内容　［保育の内容・方法に関する科目］

〈科目名〉 保育相談支援（演習1単位） 〈目標〉 1．保育相談支援の意義と原則について理解する 2．保護者支援の基本を理解する 3．保育相談支援の実際を学び，内容や方法を理解する 4．保育所等児童福祉施設における保護者支援の実際について理解する 〈内容〉 1．保育相談支援の意義 　（1）保護者に対する保育相談支援の意義 　（2）保育の特性と保育士の専門性を生かした支援 2．保育相談支援の基本 　（1）子どもの最善の利益と福祉の重視 　（2）子どもの成長の喜びの共有 　（3）保護者の養育力の向上に資する支援	（4）信頼関係を基本とした受容的かかわり，自己決定，秘密保持の尊重 　（5）地域の資源の活用と関係機関等との連携・協力 3．保育相談支援の実際 　（1）保育に関する保護者に対する指導 　（2）保護者支援の内容 　（3）保護者支援の方法と技術 　（4）保護者支援の計画，記録，評価，カンファレンス 4．児童福祉施設における保育相談支援 　（1）保育所における保育相談支援の実際 　（2）保育所における特別な対応を要する家庭への支援 　（3）児童養護施設等要保護児童の家庭に対する支援 　（4）障害児施設，母子生活支援施設等における保育相談支援

題を抱えた保護者の増加など，今日の児童，家庭をめぐる状況を背景として，児童福祉法第18条の4に基づいた国家資格としての今日の保育士に要請される子どもの保育と，保護者に対する保育に関する指導という業務のうちの後者の保育に関する指導に対するものに中心を置いているものである。先にも述べたように保育士に求められる保護者に対する保育に関する指導，すなわち保護者に対する支援については，これまでは「社会福祉援助技術」という科目でソーシャルワーク全般について学んでいたものである。このたびの「保育相談支援」では，保育に関する専門的知識・技術や，倫理・価値等を背景とした，子どもの保育に関しての専門性に基礎を置いた保育士による保護者支援について学ぶものである。したがって，保育の専門性を生かした保護者への支援，すなわちソーシャルワーク的機能の遂行のためには，基礎的な学びとしての「相談援助」が密接に関係しており，重要である。すなわち保護者を受け止める，保護者の気持ちに共感し寄り添う，話をよく聴くなどという，保護者等（クライエント）との信頼関係構築のための知識，技術は相談援助〔ソーシャルワーク，特に「個別援助技術」（ソーシャルケースワーク）〕の基本であり，同時に，ソーシャルケースワークと密接に関連するカウンセリングや，精神療法（心理療法）との関係を整理して理解しておくことも重要である。いうまでもなく，この保護者に対する相談援助は保育士の業務の一環であることから，保育所をはじめ乳児院，児童養護施設，障害児施設等の児童福祉施設全般における保育相談支援をさしている。

引用文献

1）厚生労働省（2008）．保育所保育指針解説書．

演 習

◆「保育相談支援」科目設定の背景を考える

1. 児童・家庭を取り巻く環境の社会的，時代的な変化について，「国民の福祉の動向」などを参考にしながら書き出し，6人程のグループで話し合ってみよう

2. 「保育所保育指針」の改訂について，その背景，内容の骨子などを書き出し，6人程のグループで話し合ってみよう

3. 保護者支援のあり方について，保育所所保育指針第6章を基礎的テキストとして6人程のグループで話し合ってみよう。また，その他の児童福祉施設における保護者支援についても話し合ってみよう

◆保育士の専門性について考えてみよう

1 保育士資格の法的な位置付けと性格について，法律や児童福祉，保育に関するテキストなどをもとに，6人程のグループで話し合ってみよう

2 各種専門職団体の倫理綱領などをもとにして，保育士の倫理，価値などについて6人程のグループで話し合ってみよう

ポイント

「保育相談支援」という科目の意味と意義について，演習を通して理解することができたかどうかをチェックしてみよう。
① 今日の児童・家庭を取り巻く環境について理解できたか。
② 「保育所保育指針」の改定の背景，内容の骨子などについて理解できたか。
③ 「保育所保育指針」による保護者支援のあり方について理解できたか。またその他の児童福祉施設における保護者支援のあり方についての理解はどうか。
④ 保育士の専門性とは何かについて理解できたか。
⑤ なぜ，「倫理綱領」が大事かということについての理解ができたか。

Chapter 3 保育相談支援の基本 I
子どもの最善の利益

ねらい

「相談」という言葉は，きわめて日常的に使用するものである。皆さんは，学生生活の中で，友達や先生に相談にのってもらったり，逆に，友達から相談を受けたりして，一緒に考えたこともあるだろう。

このような相談と，専門的援助としての保育士が行う相談支援は同じものなのだろうか，それとも異なる部分があるのだろうか。保育士による相談支援は，理論的には，「相談援助」の理論と実践方法に基づいて行われるものである。詳細な内容については，科目「相談援助」に委ねることになるが，科目として提供されていることからもわかるように，両者には違いがあるということである。

その違いの基本は，専門職としての倫理及び価値の上に立って実践が進められるということである。専門職としての保育士の価値の最も中心にあるのが，子どもの最善の利益の尊重である。
① 専門職としての保育士の倫理及び実践上の価値について理解する。
② 子どもの最善の利益を尊重した相談支援のあり方について学習する。

1 保育士の倫理及び実践上の価値

社会福祉の援助場面では，人の生活の深部に関わることもあり，利用者との関係が非常に重要になる。一方，社会福祉は，現行の社会制度の利用促進に当たるだけでなく，資源の不足やニーズとサービスのずれにより，社会制度がニーズに十分対応できないような状況になっている場合，利用者と共に，あるいは専門職としての信念から，制度の改変や創設を提案することもある。したがって，利用者との信頼関係や社会からの承認が重要となる。

専門職のこのような立場を記述したものを，倫理綱領（code of ethics）という。倫理綱領は，①専門職としての共通の価値の明示，②専門職の質を維持・向上するための教育的・開発的機能，③利用者の信頼を得るための管理機能，④社会的承認と信頼を得るための機能，などを果たす。保育士については，全国保育士会が倫理綱領を明文化している。

倫理綱領に定められている保育士の倫理及び実践上の価値は，①子どもの最善の利益の尊重，②子どもの発達保障，③保護者との協力，④プライバシーの保護，⑤チームワークと自己評価，⑥利用者の代弁，⑦地域の子育て支援，⑧専門職としての責務の8つである。これらは，専門職としての保育士が親と子の人権や権利を擁護する姿勢を示すものである。一方，個々の私生活にまで関わり，時には密室化した環境で支援をする可能性もある

専門職が，自ら親と子の人権や権利を侵害しないことを社会的に宣言するものでもある。

児童福祉法では，職員などによる虐待として，「被措置児童等虐待」（第33条の10）という規定を設けている。これは，法律上は，児童養護施設や乳児院，障害児福祉施設などの職員にしか適用されないが，保育所従事者においても，意識する必要がある。

2 子どもの人権と権利

保育場面に限らず，社会福祉の相談支援は，相談者の社会生活において生じている問題の解決，緩和を図るためのものである。社会生活を営む権利はすべての人間に与えられているものであり，子どもにおいても同様である。これは基本的人権ということができる。

（1）人権と権利

基本的人権という言葉は，憲法策定過程で，GHQの担当者が使った fundamental human rights の訳語として戦後定着した言葉である。人権とは，人間が本来もっている固有の権利であり，義務や社会的責任の遂行とは無関係に保障されるものである。子どもの人権とは，「力」あるいは「権威」としての権利ではなく，子どもが本来もっているものを正当に保障される，あるいは自らそれを行使する権利であり，義務の対概念ではない。

基本的人権を国際的に承認する動きは，第二次世界大戦への反省に基づく，世界人権宣言（1950年）のころから顕著となる。これが，国際条約となったのが，国際人権規約である，「経済的・社会的及び文化的権利に関する国際規約（通称社会権規約）」と，「市民的及び政治的権利に関する国際規約（通称自由権規約）」である。

（2）児童の権利に関する条約と子どもの人権・権利

児童の人権・権利は，ジュネーブ宣言（1924年），児童権利宣言（1959年）を経て，1989年に国連で採択された児童の権利に関する条約において国際的に認められるものとなった。宣言と条約は，社会的意味合いが大きく異なる。すなわち，宣言は，一方的な表明であり，そのことに対して異議を申し立てることはできないが，条約は，国連と個々の国の約束であり，条約の内容に抵触すると，指導などを受けることになる。

児童の権利に関する条約は，子どもの人権観を大きく変えた。英語表記が"the Rights of the Child"とあるため，日本語訳では「権利」と訳されているが，文脈からするとこれは，「人権」と解すべき用語である。

ユニセフ関係者は，この条約で規定された子どもの権利の特徴は，①所有あるいは利用に関する権利（provision），②保護に関する権利（protection），③参加に関する権利（participation）の3つのPであるとしている。また，網野武博は，受動的権利と能動的権利という分類を用い，能動的権利保障が，この条約の特徴としている。

これらの分類方法を整理すると，ユニセフによる所有あるいは利用に関する権利及び保護に関する権利，網野のいう受動的権利は，いわば社会権規約に，より関連深いものであり，参加に関する権利及び能動的権利は自由権規約に関連が深いものである。すなわち，

この条約の最大の特徴は，従来ほとんど重視されてこなかった，参加あるいは能動的権利など子どもの市民権及び政治権にスポットを当てたところにある。具体的には，意見表明権，表現の自由，思想・良心・宗教の自由，結社・平和集会の自由，プライバシー・通信・名誉などを保護される権利などに特徴がみられる。これらは「保護される存在としての子ども」という子ども観から，「固有の人格主体，権利の主体としての子ども」という子ども観への転換を意味するものである。

参加に関する権利，能動的権利，自由権規約の内容は，一見，思春期の子どもに関わるものと考えられるかもしれない。しかしながら，乳幼児であっても，意思をもつ存在であり，その意思を表情や行動の中から汲み取る努力，汲み取った内容を実践に反映する努力が保育士には求められる。意見表明権として知られている児童の権利に関する条約第12条では，子どもに意見を表明する権利があること，表明された意見は，子どもの年齢や成熟度を踏まえながら，考慮すべきことが明示されている。

《意見表明権（児童の権利に関する条約第12条）》
1. 締約国は，自己の意見を形成する能力のある児童がその児童に影響を及ぼすすべての事項について自由に自己の意見を表明する権利を確保する。この場合において，児童の意見は，その児童の年齢及び成熟度に従って相応に考慮されるものとする。
2. このため，児童は，特に，自己に影響を及ぼすあらゆる司法上及び行政上の手続において，国内法の手続規則に合致する方法により直接に又は代理人若しくは適当な団体を通じて聴取される機会を与えられる。

3 子どもの人権・権利と保護者の権利

子どもの視点に立って相談支援を行う際に，親の考え方や行動が子どもにとってふさわしくないと考えられる場合がある。子ども虐待はその典型的な例である。その際に，保護者が主張することがよくあるのは，親権である。

親権は，民法に定められ，未成年者について認められている。親権と子どもの人権との関係は，民法における親権規定にみることができる。戦前の民法では，「イエ」制度を中心に，「家のため」「親のため」の親子法規定が多くみられたが，戦後の民法改正により，子どもの福祉を中心とした「子どものため」の規定がいくつか取り入れられた。現在の規定では，親権の内容は，以下に示すとおりである。

親権は，重い権利ではあるが，適切に行使することを前提に認められているものであり，子どもの福祉を著しく阻害している場合には認められない。相談支援を進めるに当たっては，このことに十分配慮する必要がある。

《親権の内容》
監護教育の権利義務：監護及び教育をする権利及び義務
居所指定権：居所を定める権利
懲戒権：必要な範囲内で懲戒したり，家庭裁判所の許可を得たりして，懲戒場に入れる権利
職業許可権：職業を営むことを許可する権利
財産の管理及び代表権：財産を管理し，かつ，その財産に関する法律行為についてその子を代表する権利

4 子どもの最善の利益

　子どもの最善の利益（the best interests of the child）という表現は，すでに1924年のジュネーブ宣言に見られる。児童の権利に関する条約でも，第3条において，子どもの最善の利益を考慮する必要が規定されている。
　「保育所保育指針」の総則においても，保育所の役割の最初に「子どもの最善の利益」という表現が見られる。子どもの最善の利益の保障という表現も見られることがあるが，条約においても，指針においても，条文では「保障」までを求めているものではない。しかしながら，相談支援や保育の実際においては，常にこのことを意識する必要がある。

《子どもの最善の利益（児童の権利に関する条約第3条）》
1. 児童に関するすべての措置をとるに当たっては，公的若しくは私的な社会福祉施設，裁判所，行政当局又は立法機関のいずれによって行われるものであっても，児童の最善の利益が主として考慮されるものとする。
2. 締約国は，児童の父母，法定保護者又は児童について法的に責任を有する他の者の権利及び義務を考慮に入れて，児童の福祉に必要な保護及び養護を確保することを約束し，このため，すべての適当な立法上及び行政上の措置をとる。
3. 締約国は，児童の養護又は保護のための施設，役務の提供及び設備が，特に安全及び健康の分野に関し並びにこれらの職員の数及び適格性並びに適正な監督に関し権限のある当局の設定した基準に適合することを確保する。

《保育所保育指針における保育所の役割》
　保育所は，保育に欠ける子どもの保育を行い，その健全な心身の発達を図ることを目的とする児童福祉施設であり，入所する子どもの最善の利益を考慮し，その福祉を積極的に増進することに最もふさわしい生活の場でなければならない。

演 習

◆人権と権利の違いを考える

1. 義務を果たさないものには，権利は認められない。
2. 義務を果たさないものには，人権は認められない。

1 上の2つの文章の違いを考えてみよう

2 保育サービスの利用と人権及び権利の関係を考えてみよう

◆保育士の倫理について考える

《全国保育士会倫理綱領》

　すべての子どもは，豊かな愛情のなかで心身ともに健やかに育てられ，自ら伸びていく無限の可能性を持っています。
　私たちは，子どもが現在（いま）を幸せに生活し，未来（あす）を生きる力を育てる保育の仕事に誇りと責任をもって，自らの人間性と専門性の向上に努め，一人ひとりの子どもを心から尊重し，次のことを行います。
　　私たちは，子どもの育ちを支えます。
　　私たちは，保護者の子育てを支えます。
　　私たちは，子どもと子育てにやさしい社会をつくります。

（子どもの最善の利益の尊重）
　1．私たちは，一人ひとりの子どもの最善の利益を第一に考え，保育を通してその福祉を積極的に増進するよう努めます。

（子どもの発達保障）
　2．私たちは，養護と教育が一体となった保育を通して，一人ひとりの子どもが心身ともに健康，安全で情緒の安定した生活ができる環境を用意し，生きる喜びと力を育むことを基本として，その健やかな育ちを支えます。

（保護者との協力）
　3．私たちは，子どもと保護者のおかれた状況や意向を受けとめ，保護者とより良

い協力関係を築きながら,子どもの育ちや子育てを支えます。
(プライバシーの保護)
　4．私たちは,一人ひとりのプライバシーを保護するため,保育を通して知り得た個人の情報や秘密を守ります。
(チームワークと自己評価)
　5．私たちは,職場におけるチームワークや,関係する他の専門機関との連携を大切にします。
　また,自らの行う保育について,常に子どもの視点に立って自己評価を行い,保育の質の向上を図ります。
(利用者の代弁)
　6．私たちは,日々の保育や子育て支援の活動を通して子どものニーズを受けとめ,子どもの立場に立ってそれを代弁します。
　また,子育てをしているすべての保護者のニーズを受けとめ,それを代弁していくことも重要な役割と考え,行動します。
(地域の子育て支援)
　7．私たちは,地域の人々や関係機関とともに子育てを支援し,そのネットワークにより,地域で子どもを育てる環境づくりに努めます。
(専門職としての責務)
　8．私たちは,研修や自己研鑽を通して,常に自らの人間性と専門性の向上に努め,専門職としての責務を果たします。

1　倫理綱領のそれぞれについて,保育士として,してはならないことを具体的に挙げてみよう

[子どもの最善の利益の尊重]

[子どもの発達保障]

[保護者との協力]

[プライバシーの保護]

[チームワークと自己評価]
[利用者の代弁]
[地域の子育て支援]
[専門職としての責務]

2 あなたが挙げた内容と，他の人が挙げた内容の違いを話し合い，感じたことを書きとめよう

3 保育士として，してはならないことを3つに絞り，それをしないためにはどのような工夫が考えられるか話し合ってみよう

◆「こうのとりのゆりかご」について考える

「こうのとりのゆりかご」は熊本市にある慈恵病院という民間病院が，どうしても子どもを育てることができない場合に，匿名で子どもを預かるためにつくられた仕組みである。最初の2年半で50人くらいの子どもがここを利用した。

1 「こうのとりのゆりかご」について，あなたは肯定的に見るか，否定的に見るか，10段階で評価してみよう

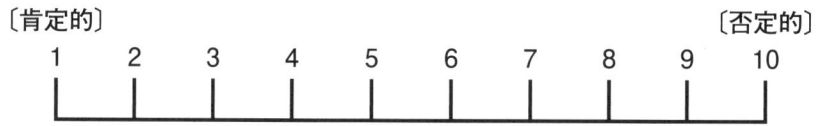

2 「こうのとりのゆりかご」の利用によって保障される子どもの人権・権利は何か。逆に，侵害される子どもの人権・権利は何か

保障される子どもの人権・権利	侵害される子どもの人権・権利

3 上記2つの課題の結果について，グループで話し合ってみよう。話し合いの中で，あなたが感じたことをメモしておこう

4 「こうのとりのゆりかご」を広めようとする場合，どのような配慮が必要だろうか。逆に，廃止する場合，現に利用している人がいるという現実に対して，どのような対応や制度が必要だろうか。グループで話し合ってみよう

普及する場合に必要なこと	廃止する場合に必要なこと

5 話し合いの結果，あなたの評価は変わったか，もう一度，点数をつけてみよう。もし，変化した場合，その理由を書いておこう

〔肯定的〕　　　　　　　　　　　　　　　　　　　　　〔否定的〕
1　2　3　4　5　6　7　8　9　10

ポイント

① 人権と権利の違いを理解する。
② 保育士が陥りやすい人権や権利侵害について，具体的にイメージしてみよう。
③ 人権や権利侵害を起こさないために注意すべきことを具体的に考えてみよう。
④ 「こうのとりのゆりかご」と，子どもの人権や権利との関係について，考えてみよう。

Chapter 4 保育相談支援の基本Ⅱ
保護者との共感
保育所の特性を生かした支援
保護者の養育力の向上

ねらい

① 保育者が子どもの発育・発達やその成長をとらえ，その育ちの喜びを保護者と共有するために必要な視点を学ぶ。
② 子どもを育てる保護者のもつ力，不安や課題，ニーズを把握し，共に気付き合う存在として保護者と保育者が相互理解を図るための基本を知る。
③ 子どもが育ち，保護者の養育力の向上につながる支援がなぜ求められるのかを理解し，そのための支援のあり方を学ぶ。

1 子どもの成長とその喜びの共有

（1）子どもの成長への視点

　赤ちゃんは，母親の胎内にいるときからその誕生に向けて母子一体となって誕生後の生活のために準備し，この世に誕生する。出産は，母親と子どものまさに命がけの行為である。そうして生まれた子どもは，初めて出会う外の世界に適応していくために，生得的な能力を基盤に各器官や感覚を働かせながら人間としての成長を始める。しかしながら，生まれたばかりの子どもは，高度な潜在能力をもってはいても未成熟で，養育者の存在がなければ育つことはできない。子どもは，一人では生きていけない存在であり，全面的な保護と養育が必要である。

　子どもは，生まれてから初めての人間関係を親との間に築く。親もまた子どもとの関わりを通して，親となっていく。子どもとのやり取りが上手くいくときもあれば，上手くいかないときもある。上手くいかないことも経験しながら応答的なやり取りや触れ合いの中で子どもも親も学びながら成長していく。この身体的・情緒的な触れ合いを十分に感じ，経験することが子どもと親の双方にとってまず大切なことである。このことが愛着の形成につながり，その後の成長に大きな影響を与える。愛着の対象となるのは，実母や実父だけではなく，養育者として別の保護者や里親，保育者の場合もある。

　人は，乳幼児期，学童期，青年期と経て，成人となるまでに約20年かかる。このことは，人の育ちの特徴として，成人するまでに長い時間を必要とし，誕生後の養育環境がその心身の発育・発達に大きな影響を与えることを意味する。人は，人との関わりなくしては生きていくことはできず，互いに育ち合う存在として成長していく。人は誰でも似ているところや違ったところがあり，様々な価値観をもっている。完璧な親も完璧な子どももいな

い。他人より早くできることや上手にできることだけに価値があるのではなく、自分のもっている力や個性を発揮することに喜びを感じ、助けられたり、助けたりしながら関わり合って生きていくことに意味がある。誰かが代わることができない尊重されるべき一人一人の人生があり、かけがえのない命をもち、その命を生き抜く力をもった存在である。このことを子どもや保護者が生活や支援の中で感じ取っていける関わりが求められる。

また、児童福祉法に定めるように、子どもは心身共に健やかに生まれ、かつ、育成されるべき存在、等しくその生活を保障され、愛護されるべき存在である。子どもは、社会や親の所有物ではない。子ども自身が権利の主体として、子どもの最善の利益を保障される環境、育ちが守られているかという視点も求められよう。

(2) 育ちの喜びの共有のために

2001（平成13）年に改正された児童福祉法において、保育士とは「都道府県知事の登録を受け、保育士の名称を用いて、専門的知識及び技術をもって、児童の保育及び児童の保護者に対する保育に関する指導を行うことを業とする者」と定められた。「保育に関する指導を行う」という文言は、一般的に指導という言葉がもつ「教え導く」という意味としてそのまま支援に用いるということではない。保育所保育指針の解説書[1]では、保育指導の意味を「子どもの保育の専門性を有する保育士が、保育に関する専門的知識、技術を背景としながら、保護者が支援を求めている子育ての問題や課題に対して、保護者の気持ちを受け止めつつ、安定した親子関係や養育力の向上を目指して行う子どもの養育に関する相談、助言、行動見本の提示その他の援助業務の総体」と説明している。

保護者に対する支援は、子どもや保護者の思いや育ちを保護者と伝え合うことから始まる。子どもの保育、関わりを通して知った子どもの姿や育ちをありのままにとらえて、保護者と共にその育ちを認め、喜び合うということが子育ての意欲や子育てに対する自信にもつながる。近年では、核家族化の中、親に子育ての負担と責任が重くのしかかることも多く、孤立感や不安感を抱くことも多いといわれている。親は、子どもの育ちや自らの育て方に期待と不安の両方をもっている。

図4-1[2]にみられるように子どもを育てる母親の意識としては、「子どもがかわいくてたまらない」「子どもを育てるのは楽しくて幸せなこと」などの肯定的な感情を示す割合が高くなっている。一方で、「子どもが将来上手く育っていくか心配」「子どもがわずらわしくていらいらしてしまう」などの否定的な感情も同時に抱えている。

本来は、子育てに楽しさややりがいをもって子どもを育てる力をもつ親や家庭でありながら、子どもの育ちの喜びや不安、子育ての楽しさや大変さを伝え合うことができないこと、専業主婦などで一人の大人として社会に生きていることを日常生活の中で実感できないことなどが、その力を発揮できない原因になっていることもある。子どもの成長や生活の中でのちょっとした変化やストレスに気付き、その気付きを伝え合い、共有し合うことができる存在が身近にいることがその孤立感や不安感の軽減につながる。

また、子どもがどのような心身の成長をするのか、それぞれの年齢で興味や欲求がどう変化していくかを知っていると、子どもにどう関わればよいのかがわかる。保育者は、子

図4—1　母親の子育て意識

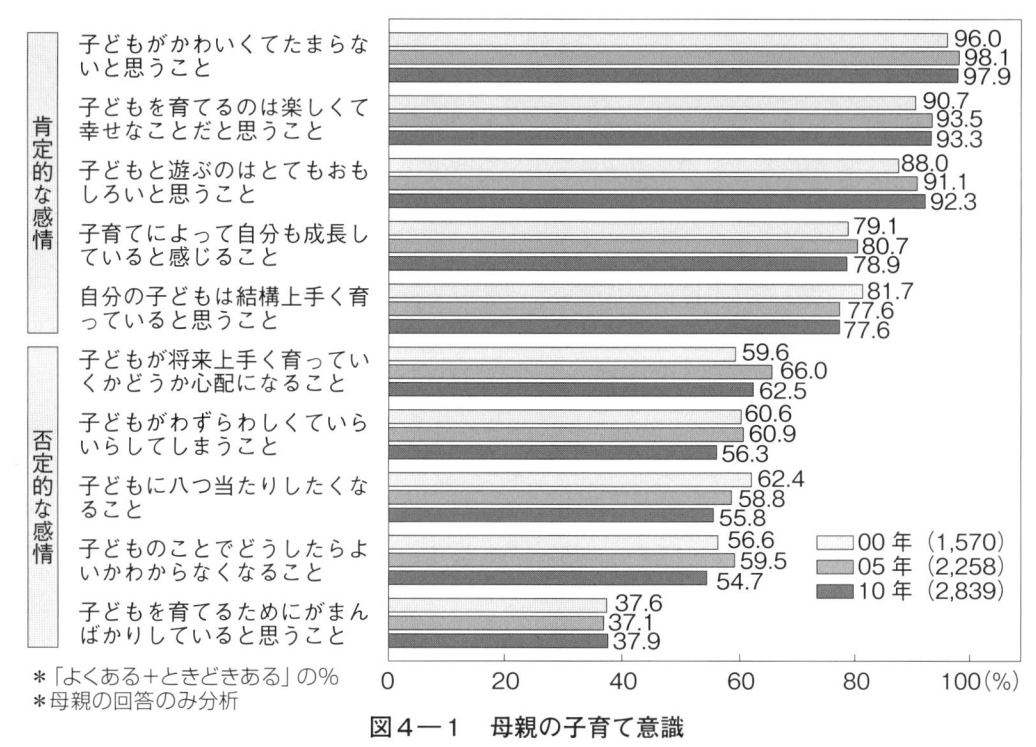

		00年(1,570)	05年(2,258)	10年(2,839)
肯定的な感情	子どもがかわいくてたまらないと思うこと	96.0	98.1	97.9
	子どもを育てるのは楽しくて幸せなことだと思うこと	90.7	93.5	93.3
	子どもと遊ぶのはとてもおもしろいと思うこと	88.0	91.1	92.3
	子育てによって自分も成長していると感じること	79.1	80.7	78.9
	自分の子どもは結構上手く育っていると思うこと	81.7	77.6	77.6
否定的な感情	子どもが将来上手く育っていくかどうか心配になること	59.6	66.0	62.5
	子どもがわずらわしくていらいらしてしまうこと	60.6	60.9	56.3
	子どもに八つ当たりしたくなること	62.4	58.8	55.8
	子どものことでどうしたらよいかわからなくなること	56.6	59.5	54.7
	子どもを育てるためにがまんばかりしていると思うこと	37.6	37.1	37.9

＊「よくある＋ときどきある」の％
＊母親の回答のみ分析

資料：Benesse®次世代研究所（2010）．第4回幼児の生活アンケート．

どもの発育・発達を理解し，その専門性をもって子どもや保護者と関わる専門職でもある。保護者に対して，子どもとの関わりはこうあるべきと理想的な関わり方を求めるのではなく，保育者が保護者の状況も踏まえて，その子どもの育ちや今の発達段階でできることできないこと，発達を踏まえた言葉かけや関わり方を伝えたり，見せたりすること，保護者が子どもの成長を支えていることを具体的に伝えることが育児をする上で不安を解消することにつながり，育ちの喜びを共有することになる。

　子どもを育てる親が，テレビ，インターネット，育児書や雑誌などの情報が氾濫する中でこうすべき，こうしたほうがよいといったマニュアルや情報に翻弄されて，本来の子どもを育てる喜びを感じることができなくなっている場合もある。子どもには，その子どもなりの成長や個性，意思がある。子どもを育てる喜びは，様々な育児情報の中にあるのではなく，目の前にいる子どもとのゆったりとした応答的な関わりの中にある。子どもを育てる喜びを感じることは，子どもや親自身のもっている力を知る機会にもなる。

2　保護者の養育力の向上に資する支援

（1）保護者のもつ力に気付く

　育ちの喜びを共有する際に重要となるのは，子どもだけでなく保護者のもつ力に気付くということである。子どもを育てるということは，人が誕生するときに母と子が命がけで生まれてくるように，喜びがある一方で大変な営みでもある。育児の際に不安や疲労感，

負担感を感じ，上手くいかずにストレスが重なることは，当然のことでもある。不安や問題に目を向けるのではなく，これまでの頑張りや保護者や家庭のもっている力に着目し，生活の中でできていることを伝え，保護者自身がその力に気付くことをサポートして，不安を親としての自信に変えていける支援が求められる。人は，上手くいかずにストレスや不安を抱えていると，自分自身の力に気付いたり，不安や大変さを人に伝えたり，自分を肯定的にとらえることが難しくなる。本来ならば様々な力をもっている保護者がその力を発揮することができない状況に置かれている場合もある。保護者がもつ緊張や不安，ストレスを引き出し，まずはほっとできる場，リラックスできる場，自分を取り戻せる場を提供する中で保護者のもつ力を見出していくことも必要であろう。

　内閣府政府広報室が2009（平成21）年に調査した結果を見ると，子をもつ親にとってあればいいと思う地域活動では，図4-2[3]にあるように「子育てに関する悩みを気軽に相談できるような活動」「子育てをする親同士で話ができる仲間づくりの活動」への回答が上位にあり，ニーズが高くなっている。子育てサークルやクラブ活動など親同士の関わりや親主体の活動が，親のもつ力を発揮する場や親として育っていくことを親同士で支え合う場，仲間同士の交流の中で気付き，不安を解消し，活力を得ていく場ともなる。

（2）不安や課題への対処

　厚生労働省が2006年に実施した全国家庭児童調査結果（図4-3）[4]では，就学前の子育て家庭が抱える不安や悩みとして，「子どものしつけ」「子どもの性格や癖」「子どもの健康」に関することなどが上位となっている。

　全国の子育て支援センターを対象として2006年に実施された調査では，図4-4[5]に見るように「子どもの発達」「基本的生活習慣」「子どもの健康・からだ・保健」に関する相談が多い。一方で，「夫婦関係・家族関係」「家庭・生活環境」「経済・就労」など親自身の生活に関する相談も少なからずある。

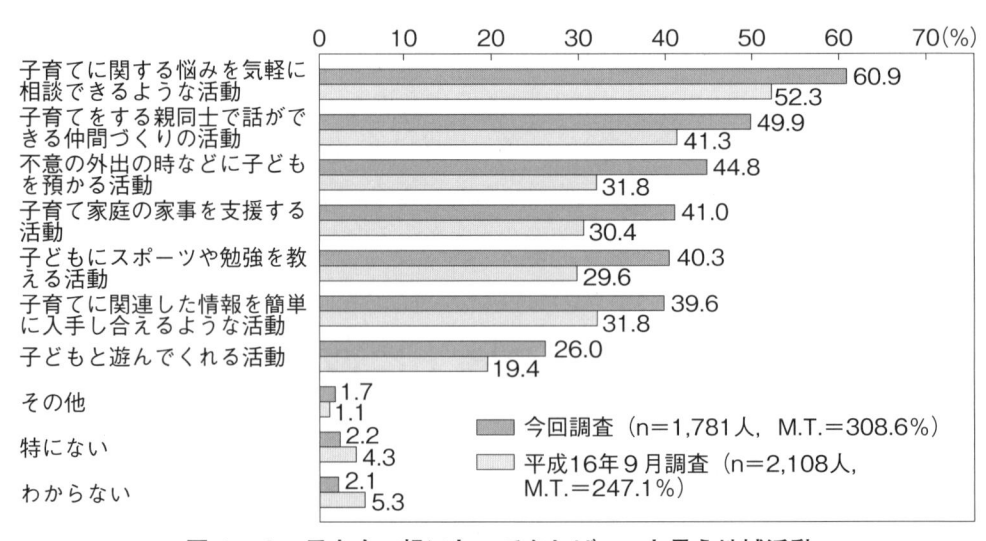

図4-2　子をもつ親にとってあればいいと思う地域活動

資料：内閣府政府広報室（2009）．少子化対策に関する特別世論調査．

まずは，今，保護者が抱えていることやその気持ちを受け止めて，共感してよく聴く姿勢が求められる。保護者自身がよく聴いてもらうことを通して，自分の悩みや思い，考えを整理し，新たな気付きやどうしたらよいかがおのずと見えてくることもある。また，必要に応じて情報提供を行う，具体的な方法を伝える，他機関やサービスを紹介する，できることとできないことを見極めて関係機関と連携していくことも必要になる。こうしたプロセスの中で不安や悩みを乗り越えていくことが保護者の養育力の向上につながる。保育者からの一方的な支援ではなく，共に考え，保護者がもつ力を発揮し，自信をもって子育てをしていく意欲を育てていくことも大切である。

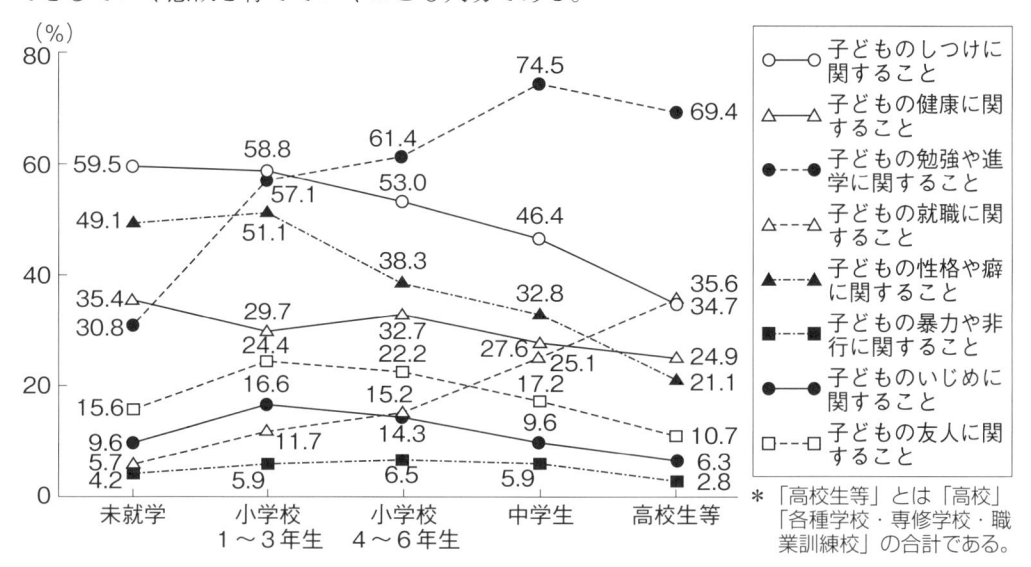

図4―3　子育てについての不安や悩みの種類の構成割合

資料：厚生労働省（2006）．平成16年度全国家庭児童調査結果．

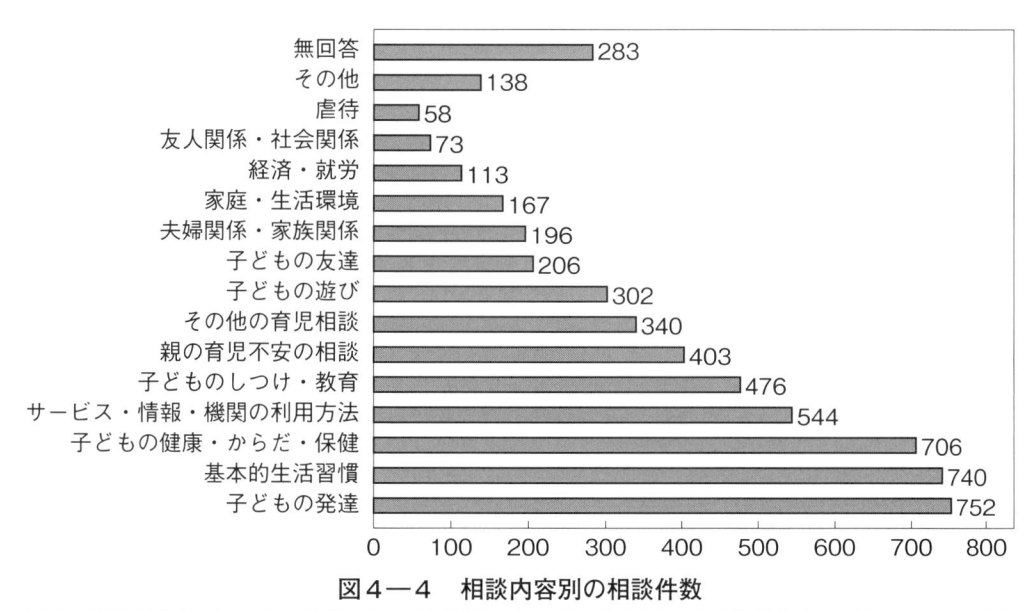

図4―4　相談内容別の相談件数

相談内容	件数
無回答	283
その他	138
虐待	58
友人関係・社会関係	73
経済・就労	113
家庭・生活環境	167
夫婦関係・家族関係	196
子どもの友達	206
子どもの遊び	302
その他の育児相談	340
親の育児不安の相談	403
子どものしつけ・教育	476
サービス・情報・機関の利用方法	544
子どもの健康・からだ・保健	706
基本的生活習慣	740
子どもの発達	752

資料：金子恵美他（2008）．平成19年度児童関連サービス調査研究等事業報告書，地域の子育て支援拠点の拡充に向けた運営・活動等に関する調査研究　こども未来財団　p.262．より作成

また，精神疾患，虐待，DV（ドメスティック・バイオレンス），障害，病気などを抱え，不適切な養育環境や行動が見られる親は，気持ちや感情を上手く表現できず人との関わりが苦手，どうしてよいかわからずに非社会的な行動をとってしまう，孤立した状態になりやすいなどの状況を抱えていることもある。こうした親は，助けを求める，自分から相談に訪れる，地域のつどいに参加するといった行動が見られないことが多い。支援を求めない家庭にどのようにアクセスしていくのかということは，重要な課題でもある。市町村や関係機関と連携をとる，関連する情報を受け取れるような体制を整える，問題を確認して援助方法を共通理解するなど，待つだけではなく保育者自身が地域に出て，ニーズをとらえ，適切な対応を図ることも必要となる。子どもの最善の利益を重視し，時には子どもと保護者の距離をとりながら子どもや保護者への支援を行うことが，結果として事態の悪化を防ぎ，養育の改善につながる。

（3）保育相談の場に求められる支援の視点

　保育相談支援は，問題や課題だけに目を向けるのではなく，子どもの生存・発達・生活全般を視野に入れた支援であり，家庭を構成する一人一人の人格や安心や生活が守られているかどうかというトータルな視点も必要となる。

　柏木惠子[6]は，人間の子どもが育つことは，身体や運動的側面をはじめ，知的側面，情操や道徳的側面，あるいは対人的な側面など多岐にわたり，こうした多様な側面が育つ過程において，複数の養育者が関わる必要があることを指摘している。子育て支援の目的も親以外の手と心を子育てに生かし，子どもの生活と体験を豊かにする社会的な仕組みが今日においては特に必要と述べている。子どもと関わる保護者以外の大人や親子と地域の関係性をとらえ，様々な場で複数の人が子どもに関わっていくことが広い意味での保育相談に応えることとなり，子どもが育つことにもつながる。このことが，結果として子育てのみにとどまらず，世代を超えた住民相互が育ち合い，支え合い，活力ある地域づくりや地域文化の伝承にも寄与しうる。

　保育相談支援に当たっては，子どもの育ちを保護者と共有する視点，子どもや保護者のもつ力を認識してその育ちや発達をとらえる視点，子どもと家庭を個別的に支援する視点，子どもや保護者だけでなく保護者以外の人との関係や関係機関，地域をつないで連携していく視点，子どもが生活する場や地域の養育力を高めていく視点が求められるといえよう。

引用文献
1）厚生労働省編（2008）．保育所保育指針解説書　フレーベル館　p.179．
2）Benesse®次世代研究所（2010）．第4回幼児の生活アンケート．
3）内閣府政府広報室（2009）．少子化対策に関する特別世論調査の概要　p.5．
4）厚生労働省（2006）．全国家庭児童調査．
5）金子恵美他（2008）．平成19年児童関連サービス調査研究等事業報告書　地域の子育て支援拠点の拡充に向けた運営・活動等に関する調査研究　こども未来財団　p.262．
6）柏木惠子（2008）．子どもが育つ条件—家族心理学から考える　岩波新書　pp.162〜163．

演習

◆自らの成長過程を振り返る

　子どもや保護者との関わりを通して子どもの成長をとらえ，育ちの喜びを共有するために，まず自らの育ちを振り返る。

1　それぞれの時期を思い出し，嬉しかったこと，好きだったこと，できるようになったこと，印象に残っている出来事など自分の育ちを振り返り，書き出してみよう

［乳幼児期（就学前）］

［学童期（小学校時代）］

［青年期（中高時代）］

2　どのような場でどのような人との関わりがあったか自分を中心に書き出してみよう

● エコマップを記入する要領で，家族や関わりのあった人の名前，組織を楕円で囲み，同じ集団や近い関係にあるものは近くにまとめて書いて，関係線を記入する。

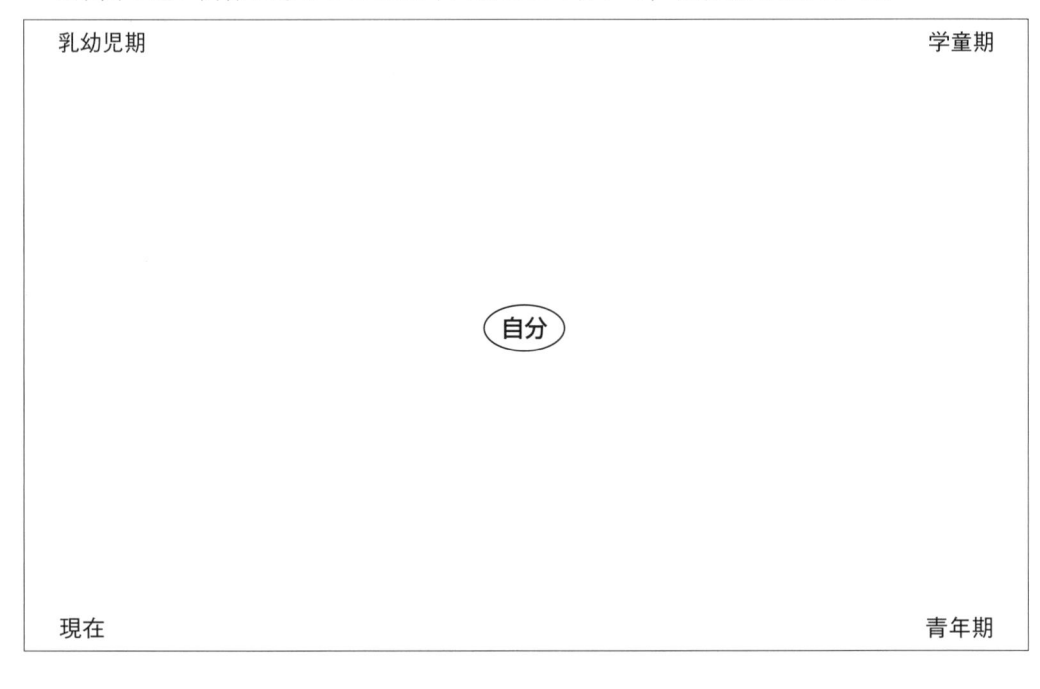

```
乳幼児期                                                    学童期



                          （自分）




現在                                                        青年期
```

3　3～4人のグループをつくり，これまでの育ちや周囲との関係をグループの人に伝え合おう

● これまでの育ちや人との関係，環境がどのように自分に影響しているか，伝え合う中で気付いたことなどをグループで話し合う。

［話し合って気付いたこと］

ポイント

① 自分の育ちや関係性を振り返り，理解し，他者に伝え合い，多様な育ちがあることを知り，育ちの過程や意味について考える。

② 子どもの成長に大きな影響をもつ保育者として，どのように子どもを認識し，その成長をとらえ，保育という営みを行っていくのかを改めて見つめ直す。

Chapter 5 保育相談支援の基本Ⅲ
信頼関係の形成
プライバシーの保護

ねらい
① 子どもや相談者をありのままに受け止め，話すことができた，聴いてもらえたという経験をもとに信頼関係を築くことの大切さとそのための方法や技術を理解する。
② 相談者の自己決定を尊重する際の基本的な考え方，姿勢，態度を学ぶ。
③ 子どもや保護者のプライバシーを守り，支援を通して知りえた情報や事柄に関して秘密保持が保育者としての倫理であり，責務であることを学ぶ。

1 信頼関係を築くために求められる姿勢と技術

　バイステック（Biestek, F. P.）は，人は社会福祉機関に援助を求めるとき，人間に共通する情緒的・社会的ニーズを大変強くもつようになると指摘している。具体的には「一人の個別的な人間としてもてなしてほしいというクライエントのニードであり，感情を表現して伝えたいというニードでもある。また，きちんと受け止めてほしいというニードでもあり，一方的に非難・問責されたくないというニードでもある。さらに，自分で決定を下したいというニードでもあり，秘密は守りたいというニードでもある。クライエントは，意識的にせよ無意識的にせよ，これらの基本的権利や欲求が侵害されることに大変敏感に反応する。したがって，ケースワーカーがこれらのニードを強烈に意識することこそ，態度や感情を伴った力動的な相互作用をクライエントの間につくり出す出発点なのである」[1]と述べている。これらのニーズを意識し，権利を守り，力動的な相互作用をつくり出していくことを出発点とするこの考えは，保育相談支援の場でも求められる基本的な姿勢である。この姿勢をもとに，相談者の話をよく聴き，受け止めることから支援が始まるといえるだろう。相談する側は，子育てについて誰かと話したい，不安を聴いてほしい，悩みを解決したい，相談しようかどうしようか迷っている，こんなことを話したらおかしいと思われるかもしれない，何を言われるのだろうなど様々な思いをもっている。保育者と相談者の関係は，専門的な援助関係でもあり，ためらいや不安，緊張を抱えている相談者に対して，安心して何でも話して大丈夫だというメッセージを伝え，信頼関係を築く努力を続けることが求められる。このことを念頭に相談の場での基本的な技術となる傾聴，受容，共感について説明する。

（1）傾　聴

　傾聴とは，相談者の話をしっかりと聴こうという意思をもって聴くことである。話す内容だけでなく，聴くという漢字が示すように目と耳と心を十分に用いて，相談者の心や主訴，話の背景にある事柄，言葉では表されない非言語的なメッセージを聴くことが求められる。話すことができた，聴いてもらえたという経験は，傾聴によって引き出される。傾聴の姿勢があるかないかで相談者の話の質や量が変わってくる。自分の話を聴いてくれる存在があることを相談者が認識することも傾聴の意味となる。

　傾聴するための技術としては，「あいづち」「繰り返し」「質問」「沈黙への対処」「要約」などの方法がある。

　あいづちは，相談者が話したことに頷くだけでなく，「ええ」「はい」「そうだったのですか」「なるほど」「そうですね」といった短い言葉も交えることである。そうすると話を聴いている，そのまま話を続けてほしい，もっと聴かせてほしいという意思表示になり，相談者は話しやすくなる。

　繰り返しは，保育者の解釈を入れずに相談者の話したことをそのまま繰り返すことである。言葉や感情を大切なものとしてとらえていることを相談者に伝えるものになる。相談者の話した最後の言葉を繰り返すとそこをもっとよく話してほしいというメッセージとして伝わり，何を話すかが明確になって会話が続きやすくなる。辛い，嬉しいなどの感情を繰り返すと相談者の気持ちを受け止めたいというメッセージになる。相談者の言葉で繰り返すため，保育者の意見が入りにくく，相談者のペースで話が進むメリットもある。

　質問には，オープン・クエスチョンとクローズド・クエスチョンの2種類があり，質問の仕方や引き出される答えに違いがある。オープン・クエスチョンは，相談者がどのようにも答えられる自由度の高い質問で，「どうしましたか？」「今日お話ししたいことはどのようなことでしょうか？」「○○ちゃんは，あれからどうですか？」といった質問の形式である。クローズド・クエスチョンは，答えが限定されたり，「はい」や「いいえ」で答えられる質問で，「お子さんの年齢はいくつですか？」「最近は，よく眠れていますか？」「運動会には参加されますか？」といった質問である。相談者が話した内容に準じた質問をして，相談者の思いや主訴，ニーズをとらえ，きちんと話を聴いてくれているという安心感を相談者がもてるようにしたい。

　沈黙には，相談者がそのことは話したくない，すぐには答えられない，感情がこみあげてきて落ち着きたい，何を聞かれたのかわからない，考えを整理している，あなたとは話したくないなどの意味がある。沈黙の意味を理解し，適切に対応する必要がある。相談者の発言が核心をついているような場面では，保育者も黙って待つ姿勢が求められる。考えをまとめたり，整理した後の言葉は，重要で問題解決につながるものが生まれる場合もある。相談者が辛そうだったり，答えられそうもない場合は，感情に添った声かけをしたり，クローズド・クエスチョンを用いる方法もある。

　要約は，相談者の話していることの中で意味のある内容や重要となってくる点，核になる部分について保育者がまとめて，相談者に伝えることである。相談者が話した内容を正確に聴くことができているかどうかを確認することができ，相談者が自分の考えを整理し

たり，まとめたりすることを支援することにもつながる。

　傾聴に当たっては，保育者の発言は20％程度にし，言語によるコミュニケーションだけではなく，非言語的な表情，態度，姿勢，視線，しぐさなどを読み取り，言葉には現れにくい隠れたメッセージを読み取ることも大切である。また，相談者も保育者の態度を読み取っている。次々と質問をする，早口で話す，何度も時計を見る，足や腕を組むなどの行動は，相談者にせかされているような印象や尊大な印象を与える。保育者の態度や姿勢を相談者がどう受け取っているかという意識ももって相談者に向かいたい。

(2) 受　容

　受容とは，肯定したり，否定したりせずに相談者の気持ちをありのままに受け止めることである。人は，生まれながらに尊厳をもち，価値ある人間として存在し，価値ある存在として受け止められたいというニーズをもっている。保育者が，相談者の様々な感情や行動，態度を受け止めることによって，相談者は安心感を得て，課題や問題に向き合う力を得ることができる。

　保育所保育指針の解説書では，「受容とは，不適切と思われる行動等を無条件に肯定することではなく，そのような行動も保護者を理解する手がかりとする姿勢を持つことである」[2]と説明している。虐待，過干渉や過保護，行き過ぎた早期教育など，子どもを知っているからこそ簡単には受容しがたい行動や態度が見られる場合にも，そういった行動や態度をすることには，これまでの育ちや背景，理由，意味があり，その行動に至った相談者の感情や状況を受け止めることが次につながるものになる。バイステックは，「受け止めるべき対象は，「好ましいもの」(the good) などの価値ではなく，「真なるもの」(the real) であり，ありのままの現実である」[3]と記している。受容することは，相談者と保育者の考えの違いを埋めることではなく，妥協することでもなく，受容できるように正すことでもない。善悪や道徳，主観に基づいた判断ではなく，違いは違いのままに，ありのままの姿を受け止めることが受容となる。

　受け止める過程で自分のもつ価値観から相談者を判断したりしないよう，相談者に向き合う自分自身の知識や態度，姿勢，価値観，性格，感情，行動パターンといった自己覚知，自己理解を深めておくことも求められる。

(3) 共　感

　共感とは，相談者の気持ちを共に感じることである。相談者が感じた感情を共に感じることを通して，相談者は理解されたと感じる。共感は，同情や同調とは違い，同じ目線，同じ立場で感じ合うことである。

　共感の技術としては，相談者の表現した感情を言葉で返す感情の反射と相談者の感情を正確に感じるために相談者の表現されない感情を指摘したり，言い換えによって明確化したりする感情の反映がある。感情の反射では，相談者が「子どもが自分一人で歩けるようになって嬉しい」という表現をしたとしたら，保育者はそれに対して「お子さんが一人で歩けるようになられて嬉しい気持ちなのですね」と発言することである。感情の反映で

は、「一人で歩けるようになったのはいいのですが、危険なことが増えるのではないか」という発言に対し、「○○さんは、嬉しいと感じているのと同時にお子さんが今までしなかったような危ないことをするのではないかと心配されているのですね」と指摘したり、「○○さんは、お子さんが一人で歩いたことは嬉しいけれども、これからもし危険なことがあったらどうしようと不安を感じたようですね」と言い換えたりすることである。

2 自己決定の尊重

　相談者は、冒頭で述べたように自分のことについて自分自身で決定を下したいというニーズをもっている。相談をするという場においては、自分ではどうしたらよいのかわからないという状況もあるが、保育者は、相談者自身のもつ自分で決めることができる力が弱まっているときでもその力を備えていると認識し、自己決定を尊重した支援することが求められる。

　保育相談支援は、相手ができないことを代わりにすることではなく、相談者が自分で考え、協力や助けを得つつ、一人で歩いていけるように支援することである。例えるならば、骨折をして一人で歩けなくなった人が松葉杖を用いて歩くように、松葉杖を使うのは相談者であり、どこに向かうかを決めるのも相談者である。保育者は、傾聴や受容を通して状態を把握し、必要なときには松葉杖となり一緒に行動する、行きたい方向に一人で行くことができるように別の方法を模索する、今の状況を的確に伝え助言する、歩きやすい環境を整える、できていることを認め支持する、見守るといった支援をして相談者を支える存在である。骨折によって弱くなっていた歩く力が回復すれば松葉杖はいらなくなり、相談者は一人で歩くことができるようになる。支援の方向性や内容を選び、決定するのは相談者自身である。保育者には、相談者を主体に共に考え、支持的関わりをもつ、利用することのできる適切な社会資源を見出し選択肢を提示する、相談者のもつ自己決定能力を引き出すなどその側面的な支援を行っていくことが求められる。

3 秘密保持と個人情報の取扱い

　保育を通した支援の場では、個人に関する様々な情報がある。業務上知りえた情報や秘密は慎重に取扱い、必要とされる場合以外は、許可なく第三者にその情報を話したり、開示することは禁じられている。保育士にとって、秘密保持は倫理的な義務である。

　児童福祉法第18条の22では、「保育士は、正当な理由がなく、その業務に関して知り得た人の秘密を漏らしてはならない。保育士でなくなった後においても、同様とする」と規定し、違反に対しては罰則や登録の取り消しが適用されることになっている。2003（平成15）年に全国保育士会が策定し、全国保育協議会、全国社会福祉協議会が採択した全国保育士会倫理綱領では、プライバシーの保護として「私たちは、一人ひとりのプライバシー

を保護するため，保育を通して知り得た個人の情報や秘密を守ります」[4]とその原則を挙げている。

　保育を通して，相談を通して知りえた内容は，すべて個人情報であり，秘密保持の対象となる事柄である。相談の場では，相談者が本来は見せたくない部分，言いたくない内容，知られたくないことが明らかになる場合もある。秘密保持の尊重は，相談者との信頼関係の構築のためにも，その維持のためにも欠かせないものである。

　ただし，援助過程においては一保育者だけで支援していくのではなく，必要に応じて各専門職や関係機関と連携していく必要がある。他者や他機関と情報を共有することの同意を相談者にとり，情報を共有すべき人や機関の範囲を決定し，情報提供の際にはその取扱いに十分配慮する必要がある。また，子どもが虐待を受けている場合など，秘密を保持することが子どもの最善の利益を保障することにつながらない場合は，虐待の通告や要保護児童対策地域協議会，関係機関との連携のために，秘密保持の義務を超えて，情報の提供や協議することが認められる。

引用文献

1) Biestek, F. P.（1957）. *The Casework Relationship*. Loyola University Press.（尾崎　新・原田和幸・福田俊子（訳）（2006）．ケースワークの原則　援助関係を形成する技法（新訳改訂版）　誠信書房　pp.212～213.
2) 厚生労働省（2008）．保育所保育指針解説書　フレーベル館　p.184.
3) 前掲書1），p.114.
4) 柏女霊峰（監修）・全国保育士会（編）（2004）．全国保育士会倫理綱領ガイドブック　全国社会福祉協議会　p.5.

参考文献

岩間伸之（2008）．対人援助のための相談面接技術　逐語で学ぶ21の技法　中央法規出版.
得津愼子（2008）．ソーシャル・ケースワーク　社会福祉援助技術の理論と方法　ふくろう出版.
柏女霊峰・伊藤嘉余子（編著）（2009）．社会福祉援助技術　保育者としての家族支援　樹村房.
金子恵美（2008）．保育所における家庭支援　新保育所保育指針の理論と実践　全国社会福祉協議会.
金子恵美他（2008）．平成19年児童関連サービス調査研究等事業報告書　地域の子育て支援拠点の拡充に向けた運営・活動等に関する調査研究　こども未来財団.
熊本子育てネット実践事例研究会（2007）．子育て支援実践事例集　第2集　熊本県地域子育て支援センター事業連絡協議会.
社会福祉教育方法・教材開発研究会（編）（2001）．新社会福祉援助技術演習」　中央法規出版.
高橋重宏・山縣文治・才村　純（編）（2002）．子ども家庭福祉とソーシャルワーク　有斐閣.

演習

◆傾聴, 受容, 共感を体験する

1　傾聴の技術を用いて, ロールプレイを行ってみよう
① 相談者役, 保育者役, 観察者役の3人1組のグループをつくる。
② 3人で話し合い, 相談場面を設定する。
　　例：一時保育を利用したいと考える保護者との相談場面
　　　　父親が育児に協力的でない母親との相談場面
③ 設定した相談場面で傾聴の技術を用いながら話を進める。
④ 3人がすべての役を演じるまで, 繰り返す。
⑤ 気付いたこと, 感じたこと, 考えたことを伝え合い, 振り返りを行う。

［相談場面の設定］

［自分が保育者役の際のやり取りの記録］

［3人の役割を演じて感じたこと, 気付いたこと, 考えたこと］
［相談者］

［保育者］

［観察者］

2 肯定的な反応と否定的な反応の違いを体験してみよう

① 話を進める役，話に反応する役，観察者の3人1組のグループをつくる。
② 話すテーマを決める。
　例：行ってみたい国
　　　どんな子どもに育ってほしいか
③ 決めたテーマに基づいて，話を進める役の人は話をし，話に反応する役の人はどんなことでも肯定的にとらえる発言をして会話を続けてみよう。
④ 次に，同じテーマで，話を進める役の人の話を受けて，反応する役の人はどんなことでも否定的にとらえる発言をして会話を続けてみよう。
⑤ 3人がすべての役を演じるまで，繰り返す。
⑥ どのような違いがあったか，どう感じたかなど，振り返りを行う。

［テーマの設定］

［肯定的にとらえる発言をした場合のやり取り］

［否定的にとらえる発言をした場合のやり取り］

［肯定的な反応では，どのように感じたか］

［否定的な反応では，どのように感じたか］

［両方のやり取りを観察者としてみて，どのように感じたか］

3 共感の技術を用いて，ロールプレイを行ってみよう

① 相談者役，保育者役，観察者役の3人1組のグループをつくる。
② 3人で話し合い，相談場面を設定する。
　例：子育ての喜びと育児不安の両方の思いを抱える保護者との相談場面
　　　子どもの発達に不安をもつ保護者との相談場面
③ 設定した相談場面で共感の技術を用いながら話を進める。
④ 3人がすべての役を演じるまで，繰り返す。
⑤ 気付いたこと，感じたこと，考えたことを伝え合い，振り返りを行う。

[相談場面の設定]

[自分が保育者役の際のやり取りの記録]

[3人の役割を演じて感じたこと，気付いたこと，考えたこと]
[相談者]

[保育者]

[観察者]

4 秘密保持のために具体的に留意する点，気を付けたい行動を考えてみよう

ポイント

① 傾聴，受容，共感といった保育相談の場での基本的な技術を体験する。
② 秘密保持やプライバシーは，具体的にはどのような法や行動によって守られるのかを考える。

Chapter 6 保育相談支援の基本Ⅳ
地域の関係機関等との連携・協力

ねらい
① 地域の社会資源を活用して、保護者への支援を行うための方法と技術を学ぶ。
② 地域の関係機関等の役割について知る。
③ 地域の関係機関との連携・協力の方法を学ぶ。

1 地域の社会資源の活用

(1) 地域における保育所の役割

　保育所は子育て家庭の保護者のニーズに対応するために、その役割を拡大してきた。現在、保育所では単に子どもたちの保育を担うだけでなく、保護者の養育相談や、「延長保育」などの特別事業を行うなど、様々な取り組みを行っている。また、地域の子育て支援の拠点としての役割も担っている。

　しかしながら、保育所がすべての子育て家庭のニーズに応えられるわけではない。保護者のニーズに応えるためには、保育所以外の施設や機関、人がその役割を担うほうが適切である場合も多くある。そこで、地域の多様な社会資源を活用しながら、保護者のニーズに応えていく方法を保育所に勤務する保育士は知っておく必要がある。

(2) 地域の社会資源

　保育所を利用している子育て家庭では、昼間、稼働などの理由で養育を担うことができない状態のため、インフォーマルな（親戚や知り合いなど）つながりによる助け合いや公的な社会サービス、営利サービスの利用がないと、養育は立ちゆかなくなり、家庭生活を維持することはできない。このように家庭の養育機能が不全状態に置かれたときに、その機能を代替・補完する家族外の力を社会資源という。社会資源には、公的なサービスを提供する社会福祉施設・機関だけでなく、家庭生活を維持するための（この場合には、子育て機能を維持するために必要な）サービス、もの、人、つながりなどが含まれる。

　例えば、病気のために母親が入院する際、保育所を利用している子どもの送り迎えや家庭での養育に支障が生じるケースが考えられる。父親が母親の担っていた役割をすべて担えれば問題はないが、仕事の都合上、困難な場合もあるであろう。そもそも母子家庭の場合には、頼める大人が家庭内にいない場合もある。そこで、子どもにとっての祖父母や近所の知り合いなどにその役割をお願いしたり、ショートステイなどの公的な社会サービス

を利用したり，ベビーホテルなどの営利サービスの利用が考えられる。子育て家庭は，社会資源の活用なしに子育ての機能を果たすことができない状況にある。

社会資源は供給主体別に，①インフォーマルサービス，②公的サービス，③営利サービスの3つに分類することができる。

1）インフォーマルサービス

親族や近所の知り合いなど，いわゆる地縁・血縁による相互扶助や，NPOによるサービスなどの営利を目的としない，公的な位置付けのない助けをさす。助けを受ける側としては，身近であり，また，公的サービスのような利用資格の審査，サービスの範囲に関する規定がなく，営利サービスのような利用料金を支払う必要がないため，細かなニーズに経済的な負担なく，応えてもらえるという特徴がある。一方，契約に基づくサービスの提供でないために，関係性に左右されたり，相手に気をつかったりする必要がある。また，親族間や地域のつながりが希薄となった現代社会において，頼みづらい，頼む相手がいないなどの状況も発生する。

2）公的サービス

保育所などの法律などを背景とした社会サービスであり，供給主体が自治体や社会福祉法人など公的な認可を受けた団体などによるものである。公益性を重視したサービスであるため，利用資格およびサービスの範囲が規定されており，必要なときにすぐに利用できるわけではない。原則として申請手続きが必要となる。一方で，利用料が税金などの補助により減額されているため，経済的負担が少なくてすむ。例えば保育所の利用に際しては，市町村など自治体の審査により，緊急性の高い状況の家庭の利用が優先される。また，利用料金は利用する子育て世帯の所得により段階的に設定されており，収入が少ない家庭は少ない利用料で利用できるようになっている。

3）営利サービス

料金を支払うことで利用できるサービスであり，レストランやホテルなどがそれに当たる。公的サービスと違い，事前の審査や申請などがなく，必要なサービスを利用したいように利用することができる。ただし，営利を目的としているため，利用内容や時間に応じて料金を支払う必要があり，自治体などからの補助はない。経済的に余裕があれば，必要に応じてサービスを利用することができるが，経済的に余裕がない場合には，利用することができない。

これらの社会資源のどれか1つだけを利用していくのではなく，必要なものを組み合わせて，適切に活用していくことが子育て家庭には重要となるが，本章では次頁より特に公的サービスについてさらに詳しく見ていくことにしよう。

2 関係機関等との連携・協力

(1) 保護者支援を行う機関・施設等

1) 福祉事務所

社会福祉の各領域（貧困，児童，障害者，高齢者など）における相談や対応に応じる行政機関。市町などといった身近な自治体に設置されており，経済的に困窮した際に利用される生活保護に関する業務や，保育所や母子生活支援施設などの入所に関わる業務，ひとり親家庭に対する経済的な支援を行う児童扶養手当などの受給手続きの支援などを行っている。

2) 児童家庭支援センター

児童福祉法に規定された児童福祉施設。児童相談所が取り扱う課題よりも軽度な子育てに関する課題の支援を行う。子育て相談や，ショートステイ，トワイライトステイなどの事業を展開している。福祉事務所同様に身近な子育て支援を行う施設としての役割を期待されている。

3) 児童相談所

児童福祉法に規定された都道府県（政令指定都市を含む）に設置義務のある行政機関。子どもに関する相談や障害者手帳の発行などの業務，児童福祉施設への措置などを行っている。近年は児童虐待通告の急増により，その役割が重要視されており，高度な専門性をもった機関として位置付けられている。

4) 保健所・市町村保健センター

地域保健法により設置されている地域の保健サービスを担う行政機関。子どもの健康相談や乳幼児健康診断，妊産婦，新生児，乳幼児への家庭訪問，保健指導などを行っている。保護者の精神保健上の課題への取り組みも行っている。

5) (主任) 児童委員

児童委員は，児童福祉法に位置付けられた地域に在住するボランティアである。地域の子育てに関する課題に対して，身近な相談役となり，時には専門機関との仲介役を担う。主任児童委員は，主として児童福祉に関する事柄を専門的に担当し，児童委員との連絡・調整を行う。

6) 発達障害者支援センター

発達障害者の早期発見，早期の発達支援が行えるよう，発達障害者やその家族に対して専門的にその相談支援を行っている機関。

7) 配偶者暴力相談支援センター

いわゆるDV（ドメスティック・バイオレンス）の被害者に対し，相談，医学・心理学的な支援，一時保護，自立支援等の支援を行う行政機関。

8) 役割分担とネットワーク

児童虐待の社会問題化をきっかけに，子どもを育てることを地域で支えていこうという取り組みが近年盛んに行われるようになり，上記の機関・施設は連携をとり，また役割分

担を行う体制が整ってきた。例えば，従来児童相談所が行ってきた児童虐待に関する相談業務を自治体（の福祉事務所）が担うこととなった。これらのうち専門的な知識及び技術を必要とするものについては，児童相談所の技術的援助及び助言を求めなければならないことになっている。つまり，身近な相談機関として福祉事務所を位置付け，より専門性の高い対応が求められる事例について児童相談所で対応するというものである。

また，各自治体には要保護児童対策地域協議会（子どもを守る地域ネットワーク）という子育てに関する関係機関が集まり，地域ぐるみで子育てを支援しようというネットワークが構築されている。このメンバーには，保育所やそれ以外の児童福祉施設，福祉事務所，児童相談所，幼稚園，小学校，病院，児童委員などが入っている。

（2）　連携・協力の方法
1）他機関等に支援をつなぐ

保育所だけでは対応できないような内容の相談が保護者からあったときに，上記の社会資源が地域にあることを知っていれば，適切な情報提供を行うことができる。ただし，気を付けなければいけないのは，保護者の不安な気持ちに寄り添うことである。単なる情報提供者になってはいけない。情報を提供する際にも保護者の気持ちを考える必要がある。例えば経済的に困窮していて，生活保護を受けるのが適切と考えられる事例において，生活保護を受けるということに対する保護者の抵抗感が強い場合がある。また，子どもに障害がある可能性が認められる場合において，自分の子どもに障害があるということを認める（障害受容）のは，親にとって辛いことである場合が多い。そのような気持ちに共感し，受容した上で，適切に情報提供を行う必要がある。

2）社会資源の調整役

保護者の支援を行う上で，他の社会資源と連携していく必要がある場合には，保育所は自らの専門性や特徴を踏まえた上で適切な役割を担うことが求められる。保護者の住んでいる地域に存在し，日々保護者や子どもたちと接しているということは，他の社会資源では取り組むことができないような変化にいち早く気付くことができる。また，課題となるような出来事が発生する以前から築かれている信頼関係は，保護者や子どもたちに大きな影響力を与えることができる。これらの特徴を生かしながら，互いに他の社会資源と連携し，それぞれの役割を果たしていくことで，保護者のニーズに応えていくことが可能となる。その際，特に保護者にとって身近な保育所は，保護者のニーズに最初に触れる可能性が高いため，他の社会資源の調整役を務めることが求められることも多い。

演　習

◆地域の社会資源について知る ― 保護者を取り巻く環境を支援に活用する ―

　あなたが育つ中で，同居している家族以外にどのような人（サービスなど）のお世話になっただろうか。幼児期にお世話になった社会資源を5つ挙げ，その内容について書き出してみよう。

社会資源①：（　　　　　　　　　）

［内容］

社会資源②：（　　　　　　　　　）

［内容］

社会資源③：（　　　　　　　　　）

［内容］

社会資源④：(　　　　　　　　　　　)

[内容]

社会資源⑤：(　　　　　　　　　　　)

[内容]

◆関係機関との役割分担について考える

次の保育園での事例を読んで，以下の課題に取り組んでみよう。

《事例》

　ある日，Fくん（3歳，男児）のお迎えに来た母親Yさんの顔のアザが気になり，主任保育士のTさんが「お怪我をされているように見えますけれど，大丈夫ですか」と声をかけた。Yさんは「大丈夫です」「何でもありません」と答えるものの，Tさんとは目を合わせず，先を急ぐようにFくんを家に連れて帰った。

　このときの様子をTさんは担当保育士のNさんに伝えた。Nさんによると，Fくんには多動傾向があり，同じクラスの友達とのトラブルが最近多くなったとのことであった。また，母親のYさんはFくんと夫との3人暮らしで，最近，夫婦仲がよくないということもわかった。保育士Tさんは母Yさんの家庭で何かトラブルが起きたのではないかと考え，次の日に「Fくんの保育の件でお話したいので少しお時間をとっていただけますか」とYさんに伝えた。しかし，その日は「今日は忙しいので」との返事だった。「では明日かあさってのどちらかで」と伝えると，Yさんはしぶしぶ，「ではあさってに」と答えた。

　2日後，母Yさんは最初おどおどした様子だったが，保育士Tさんの優しい表情にほだされ，突然堰を切ったように，Fくんに障害があるのではないかという疑いに関して夫が親身になって聞いてくれないことから夫とうまくいかなくなり，毎晩のようにけんかになること，先日は夫に殴られアザができたこと，最近イライラしてFくんに当たってしまうことを話し始めた。

演 習 47

1 母Yさんを中心としたエコマップを作成してみよう

(エコマップ：その人のまわりにある社会資源とその関係を示した図)

---

2 母Yさんの支援を行う上で連携が必要となる可能性のある公的サービスを3つ挙げ，どのような支援を担ってもらうかを記述してみよう

公的サービス①：(　　　　　　　　　)

[内容]

公的サービス②：(　　　　　　　　　)

[内容]

公的サービス③：(　　　　　　　　　)

[内容]

3　上記の公的サービスとの連携で保育所が配慮すべきことについて，グループで意見交換してみよう
● 5〜6人のグループで話し合う。

[話し合いで出た意見]

ポイント

　保護者を支援するために関係機関などと連携・協力するために大切なポイントは，次のとおりである。演習の結果，このような点が達成できたか，チェックしてみよう。
　① 社会資源とは何かを知る。
　② 自分の近隣にある子育て支援に活用できる社会資源について知る。
　③ 子育てにおけるインフォーマル・公的・営利サービスの特徴について知る。
　④ 子育て家庭の支援などを行う公的機関の役割について知る。
　⑤ 他機関との連携を行う上で配慮すべき点について知る。
　⑥ 地域の関係機関との連携・協力の方法を学ぶ。

Chapter 7 保育相談支援の実際 I
保育に関する保護者に対する支援

> **ねらい**
> ① 保育に関する保護者に対する支援が保育者に求められる背景となる指針や要領といった制度について学ぶ。
> ② 保護者に対する支援として実際に園が行っている「園に入所している子どもの保護者に対する支援」及び「地域の子育て家庭への支援」の取り組みを説明し，子ども・保護者・保育者が共に育つ実践について学ぶ。
> ③ 保護者に対する指導における保育者の専門性について学ぶ。

1 今，保護者に対する支援において求められる保育者の役割

　現在，少子化や核家族化の進行，地域社会の変化など，子どもや子育てをめぐる環境が大きく変化する中で，親や家庭だけで子育てを行うことが困難な状況になっている。社会として「子育て」をどのように考え，どのように取り組むかという基本的な視点が問われているのである。そして，保育所や幼稚園が，親や家庭と共に子どもの育ちや生活を支えることへの期待がますます大きくなっている。

　国の法律や指針においても保育者（保育士，幼稚園教諭）の役割として子育て支援が明記されるようになっている。2003（平成15）年には，児童福祉法が改正され，保育士の業務として「保護者への保育に関する指導」が定められるようになった。また，2008（平成20）年に改定された保育所保育指針では，第1章総則において，「保育所は，入所する子どもを保育するとともに，家庭や地域の様々な社会資源との連携を図りながら，入所する子どもの保護者に対する支援及び地域の子育て家庭に対する支援等を行う役割を担うものである」とされ，子育て支援が保育所の役割として明記されている。

　幼稚園教育要領（2008年改訂）では，第1章総則において，「幼稚園は，地域の実態や保護者の要請により教育課程に係る教育時間の終了後等に希望する者を対象に行う教育活動について，学校教育法第22条及び第23条並びにこの章の第1に示す幼稚園教育の基本を踏まえ実施すること。また，幼稚園の目的の達成に資するため，幼児の生活全体が豊かなものとなるよう家庭や地域における幼児期の教育の支援に努めること」とうたっている。いわゆる地域の幼児教育センターとして「預かり保育」の推進，子育て支援活動の推進が推奨されている。このように今後ますます保育者には，親や地域の人々と子どもの共育（共に育てる，育ち合う）を進めることが求められている。

2 保護者への保育支援の実際

　ここでは、保育支援の実際を見ていきたい。「保育支援」とは、子どもの保育に関する専門性を有する保育者が、その専門的知識・技術を背景としながら、子育ての問題や課題に対して、保護者の気持ちを受け止めつつ、安定した親子関係や養育力の向上を目指して行う子どもの養育（保育）に関する相談、助言、支援などを意味する。

　保育所保育指針では、「第6章 保護者に対する支援」において保育所における保護者に対する支援の基本が次のように記載されている。

1　保育所における保護者に対する支援の基本
（1）　子どもの最善の利益を考慮し、子どもの福祉を重視すること。
（2）　保護者とともに、子どもの成長の喜びを共有すること。
（3）　保育に関する知識や技術などの保育士の専門性や、子どもの集団が常に存在する環境など、保育所の特性を生かすこと。
（4）　一人一人の保護者の状況を踏まえ、子どもと保護者の安定した関係に配慮して、保護者の養育力の向上に資するよう、適切に支援すること。
（5）　子育て等に関する相談や助言に当たっては、保護者の気持ちを受け止め、相互の信頼関係を基本に、保護者一人一人の自己決定を尊重すること。
（6）　子どもの利益に反しない限りにおいて、保護者や子どものプライバシーの保護、知り得た事柄の秘密保持に留意すること。
（7）　地域の子育て支援に関する資源を積極的に活用するとともに、子育て支援に関する地域の関係機関、団体等との連携及び協力を図ること。

　なお、保護者に対する支援は、「園に入所している子どもの保護者に対する支援」と「地域の子育て家庭への支援」とに大別することができる。本章では、子どもの保育の専門性を有する保育者及び園だからこそ可能となる子育て支援の実際について、園に入所している子どもの保護者及び地域の子育て家庭への支援、それぞれの取り組みを紹介しながら説明していく。

（1）園に入所している子どもの保護者に対する支援
―幼稚園における保護者サポートシステム―

　ここで紹介する幼稚園では、園全体で「保護者が保護者として成長していく」ことを支える保護者サポートシステムを構築している。保護者サポートシステムとは、図7-1で示したように、2～3年の在園期間を見通した上で保護者の状態や時期に応じて必要な支援を考え、園がもっている保護者への支援メニューを組み合わせ、時系列に沿ってプログラム的に並べたものである。

　このシステムで特に大切にされていることは、「保護者の保育参加や保育体験の場」を

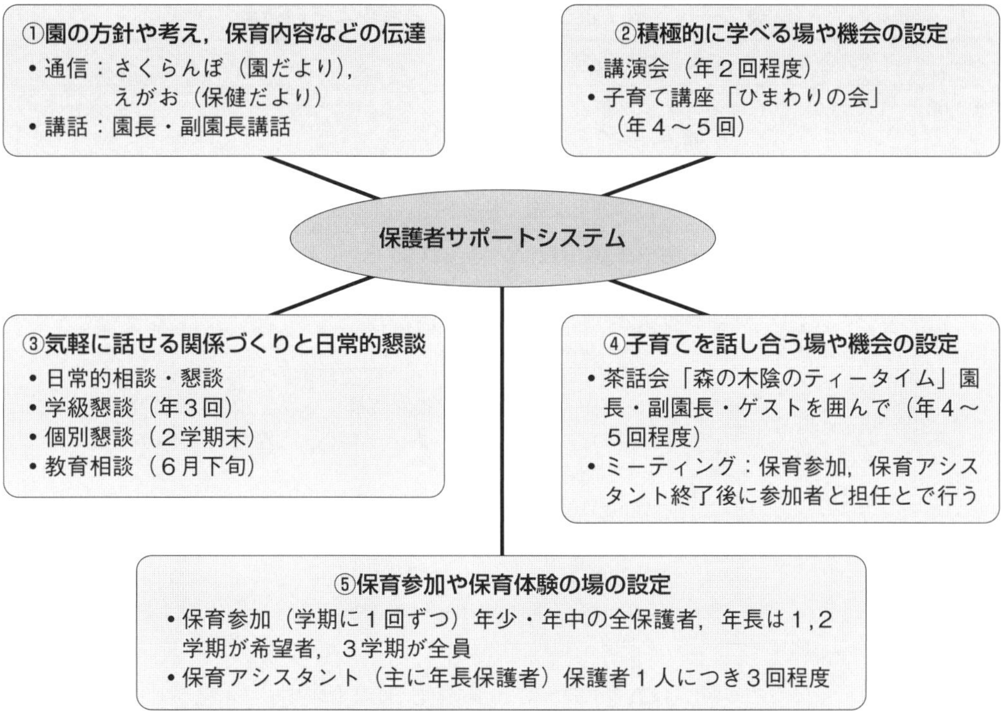

図7-1 保護者サポートシステムの内容

保護者サポートシステム

① 園の方針や考え，保育内容などの伝達
- 通信：さくらんぼ（園だより），えがお（保健だより）
- 講話：園長・副園長講話

② 積極的に学べる場や機会の設定
- 講演会（年2回程度）
- 子育て講座「ひまわりの会」（年4～5回）

③ 気軽に話せる関係づくりと日常的懇談
- 日常的相談・懇談
- 学級懇談（年3回）
- 個別懇談（2学期末）
- 教育相談（6月下旬）

④ 子育てを話し合う場や機会の設定
- 茶話会「森の木陰のティータイム」園長・副園長・ゲストを囲んで（年4～5回程度）
- ミーティング：保育参加，保育アシスタント終了後に参加者と担任とで行う

⑤ 保育参加や保育体験の場の設定
- 保育参加（学期に1回ずつ）年少・年中の全保護者，年長は1, 2学期が希望者，3学期が全員
- 保育アシスタント（主に年長保護者）保護者1人につき3回程度

資料：友定啓子・山口大学教育学部附属幼稚園（2004）．もう一つの子育て支援保護者サポートシステム　フレーベル館　p.13. を一部改変

多く用意し，保護者が子ども一人一人とともに集団が見えてきて，クラスの子どもたちを親全体が一緒になって支えていくような関係になっていくこととされている[1]。これらのことは，子ども集団が常に存在する園だからこそ可能であり，子ども，保護者，保育者が共に育ち合う機会となっている。

(2) 地域の子育て家庭への支援 ― 未就園児の親子遊びのプログラム ―

近年，地域の未就園の親子を対象とした「つどい広場事業」，親子遊びや体験保育などが，幼稚園や保育所，子育て支援センターや児童館などで多く行われている。ここでは，筆者らが学生と行っている3歳以下の子どもとその親が参加する大学内での親子遊びのプログラムを見ていく。

1) プログラムの実際

このプログラムには，約10組の親子が年間10回程度の活動に継続して参加している。表7-1には，1回の活動のおおよその流れを示した。この活動の特徴として，自由遊びの時間を長くとりつつ，各回で特別活動の時間を設けている。特別活動では，親子が造形，身体及び音に関わる多様な素材に触れることができるように活動を展開している。

2) 親子遊びのプログラムで目指すこと

以下にこのプログラムにおいてスタッフが大切にしていることと，活動を体験した保護者の声をまとめておく。

表7-1 親子遊び（1回分）のおおよその流れ

時間	親子の動き	スタッフの役割
9：00		・スタッフ集合 ・朝の打ち合わせ 　・コーナーや遊具などの環境設定を確認 　・その日の出欠席，活動内容，スタッフの役割を確認
10：20〜	・親子で三々五々入室 ・シール貼りや，荷物を置き，着替えをする ・親子が好きな遊びを見つけて遊ぶ	・玄関や部屋に待機して笑顔で親子を迎える ・スタッフはチームとしての役割を意識して動く その役割は，L_1（リーダー1），L_2，L_3で示す3つに類型化できる[注1] L_1：集団活動の全体をとらえ，その活動の方向を明らかにしたり，コーナー[注2]間の関係発展を促進する場面設定，役割付与をする。活動の方向性を示す，人との関係，ものとの関係が発展するように援助する L_2：コーナー活動における，子どもたちの自発的活動を促進したり，子ども同士の関係が発展する役割付与，場面設定をする L_3：周辺的にいる子どもに即して動き，その子の自発的活動を促進しながら，他コーナーとの関係，全体集団状況との関係の発展を図る ・L_1は教員スタッフが，L_2，L_3は学生スタッフが担う
11：10〜	・自然な形で好きな遊びから特別活動（交流活動）へ移行する	・特別活動（交流活動） 　親子の遊びが広がるように造形や音楽の素材を提供する 　・特別活動としては，大太鼓や民族楽器を使った活動，アクションペインティング，バルーン活動，粘土（土粘土，小麦粉粘土），スタンプペイント，などを行う
11：25〜	・集合活動へ移行し，その活動を楽しむ ・親はグループで話し合いを行う	・集合活動 　例：学生スタッフによる絵本の読み聞かせ，ペープサートなどを行う ・親たちは集まってグループとなり，教員スタッフが司会をしながら，今日の活動の振り返り，親同士の意見交換，スタッフとの質疑応答を行う ・話し合いを行っている間，学生スタッフが子ども達と関わる
11：45 12：00	・帰りの準備 ・退室	・親子を見送り，片づけをする ・スタッフは活動の振り返りを行う（当日と1週間後にも振り返りの時間をとる）

注1：親子遊びのプログラムでは保育者がチームで関わることが多い。ここで紹介したチームにおける保育者の役割は，1970年代から保育・療育における集団指導の理論と技法を体系化してきた「関係学」によって提示されたものである。
注2：ここでいうコーナー活動とは，子どもの自発的活動から発展してきた活動が子どもたちの間に共通の領域をもちながら発展した結果，それぞれの活動が生かされながら共通領域がつくられる活動をいう。
資料：共立女子大学家政学部児童学科（2009）．2009年度共立女子大学発達相談・支援センター紀要（未公刊），の図を改変

a．遊びの内容を豊かにする：遊びの内容が豊かになるように工夫された素材や環境を準備し，子どもや親が人やものに興味や関心をもち，試したり，考えたりして遊べるようにする。そのためには，子どもの発達に応じた素材や遊具を選ぶこと，親子が楽しみながら関わりを深めることができる働きかけを心がける。

　b．「保護者−子ども」の関係の充実を目指す：親子関係が「今，ここで，新しく」なることを目指すとともに，特に親が自分の子ども以外の子どもの存在に気付き認めていくことができることを目指す。自分の子どもと同じように他の子の成長を喜ぶ，逸脱した行動があったときは注意するなど，共に育ち合うことができるように心がける。

　c．保護者同士のつながりが意識できるようにする：親グループの話し合いでは，保護者が自分の言葉で子どものこと，子育てのことを率直に話すことができる雰囲気づくりをする。スタッフは，親の語らいに耳を傾けるとともに，同じ経験をした親や年齢の異なる子をもつ親が発言しやすいように働きかける。必要に応じて助言をしながら，親が子どもや子育ての多様性や可変性を自覚していけるように援助する。

《参加した保護者の声》
- 今回，ごっこ遊びであんなに楽しめるようになっていたと知り，嬉しい発見でした。体を動かすダイナミックなことが好きだと思っていたので，違う面を見させてもらい，家でも遊ぶときの参考になりました（2歳男児の母）。
- 部屋に用意してあるシンプルなおもちゃのほうが工夫して考えながら遊んでいて，いつもと違う表情だったように思いました（2歳女児の母）。
- 参加して私の考えが変わりました。リトミックや児童館のプログラムでは注意されて萎縮していましたが，息子に合う場所なら生き生きと楽しめるという点と，まわりのペースに合わせられなくてもいいのかなと思うようになりました。気持ちが楽になりました（3歳男児の母）。
- 違う年の子をもつお母さんと話すことはお互いによりよい刺激があると思います。他のお母さん方とのお話，いつも有意義です。みなさん子どもへのまなざしが温かく，ホッとします（3歳女児の母）。

3　保育支援に求められる専門性

（1）保育支援を行っている保育者の実際

　ここでは，2009年に保育士養成協議会が行った，全国の指定保育士養成施設の卒業生（卒後2年目，6年目，11年目の者）を対象とした調査結果[2]の一部を紹介する。保育者に「保育の仕事の中で職務上の難しさや大変さを感じること」という質問に自由記述で回答してもらった結果の中から，保育者と保護者の関係を形成することの難しさについて記述がなされたものを経験年数別に示した。

《2年目》
- 保護者からの質問で「授乳はいつごろまでにやめさせればいいですか？」や「オムツはどうやって外していくのですか？」など聞かれると、保育士の経験も少ないし、子育ての経験もないので、十分な答えが出せないこと。
- 子ども同士のトラブルを保護者へ伝えるときに難しさを感じる。説明不足だったり、言葉が足りなかったりして気持ちが伝わらずに解決するのに戸惑ってしまった。

《6年目》
- 保護者支援や助言が日々の保育で難しさを感じる。自分がまだ子育てを経験していないため、よいアドバイスも難しかったり、保護者の気持ちに共感するのも大切だが、自分ではまだまだ勉強不足のように思う。

《11年目》
- 結婚して子どもができる前は、保育士だけの目線で保護者と接していたが、自分の子どもが保育園に通うようになり、親の気持ち、保育士の気持ち両方の立場がわかるだけに一番よい方法を探すことがかえって大変に思うことがある。

卒後2、6年目の保育者の記述からは、自分の保育技術としてのコミュニケーション力の不足や、子育て経験がないこと、子育ての知識が不足していることなどを理由に保育の中で難しさを感じていることがうかがえる。それが卒後11年目になると、保育者自身が親となって新たなライフステージを迎え、親と保育者という複数の視点をもつことで、複雑さや矛盾を感じているといった記述も見られた。親・家庭を支援する上では、保育者の年齢や経験などのライフステージの違いによって、保育者と保護者との関係の質が異なると考えられ、保育者に期待される役割も異なるといえる。

(2) 保育支援に求められる専門性とは

柏女霊峰・橋本真紀は、保育者が行う保育相談支援の範囲を以下のように示している。彼らは、保育相談支援は、「援助方法としては助言指導（ガイダンス）ともっとも重なり合い、ソーシャルワークやカウンセリング並びに親教育や訓練（トレーニング）とも一部重なり合う技術体系ということができる」[3]と述べている。図7-2[3]でも示されているように、保育相談支援は、これまで体系化されている援助方法を複合的、あるいは継続的に行う必要があると考えられる。ここでは、多様な専門性が求められる保育相談支援について、基盤となる専門性をまとめておく。

まず第1に、基本的な考え方であるが、武藤安子は、「親支援は、保育者が『親』を支援するというよりは、保育者と親との関係をどのように発展させていくかということである」[4]と述べている。すなわち、支援する"保育者"、支援される"親"という固定的な役割関係ではなく、保育者も親から学んだり、元気をもらったりするなど、共に育つ意識をもち、実践する姿勢が求められる。

第2に、保護者に対する支援といってもやはり、まずは確実な子どもの保育に関する専門的知識、技術が求められる。前述の筆者らが実践している親子遊びに参加する保護者か

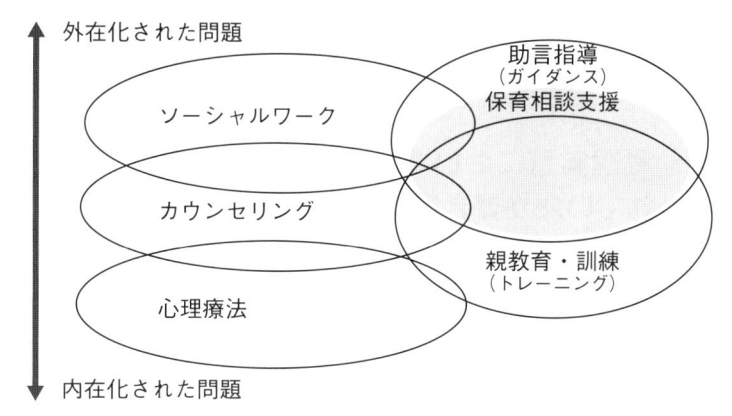

図7―2 保育相談支援と援助技術との相互関係

資料：柏女霊峰・橋本真紀（2010）．増補版 保育者の保護者支援 保育指導の原理と技術 フレーベル館 p.22.

らも子育てに関する様々な相談が寄せられる。相談に対して臨機応変に，さらには，子どもの発達を見通したり，保護者の背景までも配慮して応じるためにはある程度の保育経験が必要であろう。

　第3に，保育相談支援にのみ求められるわけではないが，筆者は特に保育者が困難な状況にあったとしてもそれを乗り越える力が必要だと感じている。このような困難に打ち勝つプロセス，結果を含む概念として「レジリエンス」概念注が注目されている。筆者ら[5]の行った研究では，保育の「レジリエンス」の構成要素として，「明確な役割意識」「専門的スキルの向上」「保育者へのケア環境の充実」を提起している。保育者個々人の専門性が問われるともに，保育の「レジリエンス」を向上させるためには，保育者が自分の保育が園で報われていると感じること，園が保育者の成長を支援するなど，保育者をサポートする職場環境にも目を向ける必要がある。

「レジリエンス」概念：困難な状況にあったとしてもそれを乗り越えていくためのプロセスと結果を含む力動的な概念と定義されている[5]。

引用文献

1) 友定啓子・山口大学教育学部附属幼稚園（2004）．もう一つの子育て支援保護者サポートシステム フレーベル館 p.13.
2) 全国保育士養成協議会専門委員会平成21年度課題研究（2010）．指定保育士養成施設卒業生の卒後の動向及び業務の実態に関する調査報告書Ⅱ 社団法人保育士養成協議会 pp.100～105.
3) 柏女霊峰・橋本真紀（2010）．増補版 保育者の保護者支援 保育指導の原理と技術 フレーベル館 p.22.
4) 武藤安子（2010）．親・家庭支援の保育臨床 武藤安子・吉川晴美・松永あけみ（編著）家庭支援の保育学 建帛社 p.160.
5) 小原敏郎・武藤安子（2005）．「保育の質」と「レジリエンス」概念との関連．日本家政学会誌, 56（9），643～652.

参考文献

関係学会（編）（1994）．関係学ハンドブック 英和出版.
共立女子大学家政学部児童学科（2009）．2009年度共立女子大学発達相談・支援センター紀要（未公刊）.

演習

◆保育実習や幼稚園実習において実習した園でどのような保護者に対する支援が行われていたか書き出す

●実際にどのような支援が行われていたか,グループで話し合う。

[園の保護者に対する支援の内容]

◆保育者の専門性についてロールプレイング・心理劇を通して演習する

セッションの内容と目的	実践例
導入① ・教員から,子ども同士の物の取り合い,ルールを守らないなど,子ども同士のトラブルに関する課題を提示する ・課題以外の場面や役割の設定は学生が決める	・1グループ5～7人となる ・学生が話し合って,場面や役割を決める 　役割として,保育者として「担任」「主任」の役割,「トラブルの当事者となる子」「周囲で見ている子」「保護者」などを決める。また,場面状況として,子どもの年齢やトラブルが起こった時間,場所などを決める
ドラマの展開① ・体験的に役割を演じることで,子どもへの関わり方や子どもの心情を理解することを目指す	・学生が保育者や子どもの役割を担って演じる ・役割交替をしながら,それぞれが保育者,子どもの役を演じられるようにする
ドラマの展開② ・立場が異なる保育者との話し合いを通して,保育の視点が広がることを目指す	・展開①で担任を演じた学生が,主任保育者の役割を担っている学生に相談に行く場面を演じる
ドラマの展開③ ・保護者との話し合いの場面を設定し,保護者とのコミュニケーションのとり方,トラブルの伝え方を学ぶ	・お迎え時に担任が,保護者に今日行った子ども同士のトラブルを伝える場面を演じる
シェアリング ・それぞれが体験したことを話し,体験を共有する	・全員が感想を述べる。その際,他者を非難したり,傷つけたりしないように注意する ・感想用紙に記入する

ポイント

① 実際に保育所や幼稚園において行われている保護者に対する支援の内容や方法を理解する。
② 保育者としての使命感や情熱をもち,子どもや保護者から学び共に成長しようとする姿勢をもつ。
③ 困難な状況があっても乗り越えていける前向きな姿勢をもつ。

Chapter 8 保育相談支援の実際 Ⅱ
保護者支援の内容

ねらい
① 保育士等の保護者に対する支援は，保育に関する専門的知識・技術を背景としながら，保護者が支援を求めている子育ての問題や課題に対して行うことを理解する。
② 保護者との緊密な連携の内容について理解する。
③ 入所児童の保護者に対する支援の内容について理解する。
④ 地域子育て支援の内容について理解する。

1 保育所の特性を生かした保護者支援

保育所は，以下のような子育て支援の機能，特性をもっていることが，保育指針の解説書には記されている。
① 日々，子どもが通い，継続的に子どもの発達援助を行うことができること。
② 送迎時を中心として，日々保護者と接触があること。
③ 保育所保育の専門職である保育士をはじめとして各種専門職が配置されていること。
④ 災害時なども含め，子どもの生命・生活を守り，保護者の就労と自己実現を支える社会的使命を有していること。
⑤ 公的施設として，様々な社会資源との連携や協力が可能であること。

保育の場での子育て支援は，男女共同参画社会の進展や家庭の養育の低下などの今日的状況を踏まえ，こうした保育の特性や保育環境を生かし進めていく。

2 家庭との緊密な連携

子どもの発達と生活の連続性を確保するためには，保育士が保護者と連絡を取り合い，子どもの家庭や地域の生活実態を把握したり，保護者の信頼を得て共に子どもを育てていく関係を築くことが必要となる。このような保護者との緊密な協力関係を築く責務については，児童福祉施設の設備及び運営に関する基準や保育所保育指針にも定められている。

《児童福祉施設の設備及び運営に関する基準第36条》
　保育所の長は，常に入所している乳児又は幼児の保護者と密接な連絡をとり，保育の内容等につき，その保護者の理解及び協力を得るよう努めなければならない。

> 《保育所保育指針　第4章　保育の計画及び評価》
> 　子どもの生活の連続性を踏まえ，家庭及び地域社会と連携して保育が展開されるよう配慮すること。その際，家庭や地域の機関及び団体の協力を得て，地域の自然，人材，行事，施設等の資源を積極的に活用し，豊かな生活体験を始め保育内容の充実が図られるよう配慮すること。

　このような協力関係を形成するために，保護者や地域社会に対してその理念や保育内容などを説明し，社会的責任を果たす。

　また，日々の子どもの状況を伝え合い，保護者と保育士とが共通理解を深めることが大切である。このために連絡ノートや送迎時が活用されているが，特に顔を合わせて伝え合う機会は重要である。子どもに関する具体的な事実を伝え合う際に，下記の1）〜3）の視点を忘れないようにする。

（1）子どもの豊かな心情，意欲，生活──発達チェックや到達評価に陥らない──

　保育士の専門性は，発達過程を見通すことができる点にあり，一人一人の子どもの関心や体験がどのように連なり，展開しているかをとらえることが大切である。生活習慣の自立や活動などへの適応状況，行動特徴について伝え合うこともあろうが，それが目標とする姿にどれだけ到達しているかというような発達状況のチェックに陥らないように注意する。その子どもの豊かな心情・意欲・生活がどのように育っているかに着目し，保護者と確認し合う。

（2）子どものよさ，その子どもらしさ

　保護者と保育士が協力し合うことの目的は，子どもの24時間の生活の連続性を保ち，安心して自己発揮し，充実した生活を送ることができるためである。したがって，日々の子どもの生き生きとした姿を伝え，楽しい生活ができる手がかりを両者で共有するという姿勢が大切である。子どもの状況を伝える際には，課題にばかり目を向けたり，否定的な表現を用いることを避けて，子どもの育ちを成長過程の段階として前向きに伝える。子どものもっている良さやその子どもらしい場面をとらえ，一人一人の伸びる芽を見つけて育むという保育の原点を見失わないようにする。

　その子どもがどのように人，物，自然などに触れ，興味や関心を広げているか。どのような経験を積み重ね，生活を主体的に営み楽しみながら，意欲や態度を身に付けているか。子ども自身がどのように環境に働きかけ，感じたり考えたり試したり工夫したり繰り返したりしているか。多様な環境との出会いの中で，行きつ戻りつしながらどのようにして様々な力を獲得しようしているのか。このような観点から保護者と子どもの育ちを共有する。

（3）保育（子育て）の取り組み

　子どもの苦手なこと，支援が必要なことを確認することもあるが，その際には必ず対応の方法や配慮など，保育の取り組みについても伝える。その子どもの育ちに応じた保育内

容や環境，支援方法など，例えば子どもが意欲的に取り組むことができるための言葉かけや工夫，落ち着いて活動に取り組むことができる環境づくりのポイントなどを伝えることで，保護者は安心し，また保育士への信頼につながる。それによって保護者が子育てについてのヒントを得ることもできよう。あるいは，保護者が子どもの状況に応じて工夫したり，努力している点に耳を傾け，支持する。

さらに保育士からの一方的な伝達ではなく，双方向の関係となることが重要であり，保護者の思いや状況について耳を傾け，地域の実態なども併せて，状況について総合的に理解する。さらに，保護者からの問いかけや求めをきっかけに，一緒に考え，合意を形成していくことが重要となる。その際には，家庭のニーズや状況を的確にアセスメントして，一緒に取り組むことができる課題を探す。つまり，保護者からの求めと専門知識・技術から見た必要性とをすり合わせて，支援内容を吟味していく。

家庭との連携とは，子どもへの思いや育ちについての思いを重ね合わせ，子どもの実際の姿についての共通理解を深め合い，一緒に考え，協力して子どもの育ちを支えることである。そのためには，まずは下記の視点から自己の保育を振り返ることが求められる。

① 子どもたちはどのような生活・遊び・人との関わりを経験し，それは一人一人の子どもにとってどのような意味があったか。
② それらの体験の連なりが，子どもの世界をどのように豊かに広げていったか。
③ 子どもや保護者の思いをどのように汲み取ったのか。
④ 保育の環境や工夫は，子どもが安心して自己を発揮して，自ら環境に働きかけていくことにどのように関わっていたか。

つまり保護者との連携は，保育の質と深く連動している。保護者との連携を深めるためにも，保育の質向上に向けて保育士が日常的に取り組むべきことは以下の①〜④の事項である。

① 保育士としての素養を高める（子どもの育ちを見る目を豊かに磨く）
② 記録の作成（保育課程・指導計画・個別計画の作成）
③ 職員間の検討，共通理解，保育士・保育所の自己評価
④ 地域との連携

3　入所児童の保護者への支援

入所児童の保護者への支援は，保護者の意向を受け止め，子どもと保護者の安定した関係に配慮し，保育の場の特性や保育士等の専門性を生かして行うものである。

その方法について，保育所保育指針は，「一人一人の保護者の状況やその意向を理解，受容し，それぞれの親子関係や家庭生活等に配慮しながら，様々な機会をとらえ，適切に援助すること」（保育所保育指針　第1章総則　（2）保育の方法）としている。

つまり，保育士が行う家庭支援とは，保護者を理解し受け止めることが基本であり，一人一人の親子関係や家庭生活を大切にながら，保育の専門性を生かした様々な機会や方法を活用して行うものである。

表8－1　家庭支援の内容

支援方法	支援内容	例
① 保育	・子どもへの直接的な発達援助 ・子育ての補完・負担軽減・休息，見守り，支援 ・養育モデルの提示 ・パートナーシップの育成	・基本保育　・延長・夜間保育 ・日祭日保育　・病後児保育 ・障害児保育　・被虐待児の保育 ・一時保育　・ヘルパー派遣
② 交流・体験活動	・親子の遊びと交流，親のリフレッシュや自己実現，保護者同士の関係育成，地域の交流 ・保育，遊び，生活等の体験 ・子育てや地域生活への安心感，自信，自己肯定感の醸成	・保護者や地域の親子が参加する遊び，活動，行事 ・保育参加 ・ひろば事業（親子交流） ・異年齢・世代間交流 ・保育体験（中高校生，父母等） ・親子サークルの支援
③ 学習プログラム	・子育て，生活，人間関係等のスキルアップ ・親子関係の調整	・育児講座 ・学習会 ・グループセッション ・ペアレンティング
④ 相談援助	・保護者が抱えている不安，悩み等の傾聴，支持，情報提供，助言 ・気になる子どもの行動や子育てに関する相談・支援	・生活場面面接 ・電話相談 ・面接相談 ・専門相談（発達・保健等）
⑤ 困難な課題への対応	・障害，精神疾患，DV，虐待等，特別な支援を必要とする子どもと家庭への援助 ・子どもと家庭の個別のニーズに応じた専門機関・施設や関連サービス，地域社会資源との連絡・連携・役割分担等	・関係機関，施設，地域社会資源等（例：医療・療育機関，保健センター，児童相談所，女性相談，市町村の児童相談・生活相談，教育委員会・学校，児童福祉施設，主任児童委員，子育て支援サービス，ボランティア等）への連絡・問い合わせ ・紹介・斡旋 ・連携・役割分担
⑥ アウトリーチ	・地域に出向いて行う子育てニーズの把握 ・地域に出向いた活動・相談援助	・出前保育（公民館や公園等に出向いて行う，親子交流や子育てサークルへの援助等） ・地域での巡回相談 ・家庭訪問（生後4か月までの全戸訪問事業・育児支援家庭訪問事業との連携・協力等）
⑦ ネットワーキング	・地域社会資源の開発・育成 ・地域のネットワーク化	・ボランティア（子育てサポーター・リーダー等）の参加・育成 ・ファミリーサポートセンター，家庭福祉員等への協力・支援 ・地域連絡会の参加・開催 ・地域ネットワークづくり

資料：金子恵美（2008）．保育所における家庭支援　全社協出版部　p.51.を一部改変

保護者の話を聴く際には,次のようなことに留意する。

> 《聴く姿勢》
> 　8割は聴く姿勢が大切である。おみやげとして持ち帰ってもらう助言は一つだけとし,具体的で,保護者が実際にできる内容とする。またあいづちや気持ちの汲み取りなどを通して,聴いていることを伝える。
> 《「子どもへの思い」に耳を傾ける》
> 　特に,保護者の子どもへの思いをキャッチし,フィードバックする。
> 《弱さ,痛み,葛藤を話してくれることを感謝し,保護者の負い目や引け目に配慮する》
> 　日頃の関わりや話し合いを通して共通のゴールを設定し,保育所での保育と家庭での養育のそれぞれの役割を明らかにし,協力して子どもの育ちを支えていく。

4　地域子育て支援

　今日の保育所をはじめとする児童福祉施設には,入所していない子育て家庭も含めた,地域を対象とする子育て支援を行うことが求められている。地域社会を見渡すと,保護者が孤立して子育てを行っている家庭も少なくない。社会的子育て支援が必要とされており,保育の知識と技術をもつ保育士にはこれに積極的に取り組む責務がある。児童福祉法第48条の3は,「保育所は,当該保育所が主として利用される地域住民に対してその行う保育に関して情報の提供を行い,並びにその行う保育に支障がない限りにおいて,乳児,幼児等の保育に関する相談に応じ,及び助言を行うよう努めなければならない」と定め,また第21条の9で子育て支援事業についても,保育所やその他の施設で実施することを明記している。

　このような地域を対象とした子育て支援は,保育に支障をきたさない範囲で,それぞれの地域と施設の特性に応じて行うものである。

　日々,子どもの傍らにいて,子どもの声に耳を傾け,育ちを支えている保育士だからこそ,一人一人の子どもを理解し,その育ちを家庭や地域と協働していくことができる。地域子育て支援とは,そのような子どもの育ちの連続性を地域に生み出すものであり,これによって一人一人の子どもの生きる力や未来への可能性を社会全体で支えようというものである。つまり,子どもが大切にされる地域社会をつくるために,必要とされているものといえよう。

5　特別な対応が必要な家庭への支援

　障害や発達上の課題が見られる子どもとその保護者に対しては,十分な配慮のもとに保育を行うと同時に,保護者と協力し,さらには求めに応じて支援を行っていく。また虐待などの深刻な課題がある家庭に対して,関係機関と連携して,支援を行うことも重要となる（これについては12章,p.89〜参照）。

演習

◆保護者と信頼関係を構築する ― 保護者との緊密な連携を築くために ―

＊運動会が近付き，園内は活気にあふれています。保護者に子どもたちの様子や思いを伝えるために，どのような工夫をしますか。

1　園だよりを書いてみよう
●書いた内容をグループ内で読み合って，気付いたことを話し合う。

[園だより]

[気付いた点]

2　4歳児の発達過程を確認してから，2人一組で保育士役と保護者役となりお迎え時の会話をしてみよう（ロールプレイ）

> 4歳児のTちゃんのお母さんが，「うちの子は，去年はあんなにはりきって，私たちにも来て欲しいと言っていたのに，今年は運動会で親や祖父母が見に来ることを恥ずかしがっているようです。内向的な性格なのでしょうか。みんなの前で恥ずかしがっているようでは，小学校に行ってからいじめられるのではないかと心配です」と連絡ノートに書いてきました。

●役割を交換したり，気付いた点について話し合う。

[気付いた点]

◆入所児童の保護者への支援内容について

> 3歳のKくんは落ち着きがありません。お母さんから来週，3歳児健診へ行くので，園の様子を聴かせてほしいという希望がありました。

1　面接で話す内容を整理して列記してみよう

[話す内容]
①
②
③
④
⑤

●書いた内容をグループ内で読み合って，気付いたことを話し合う。

[気付いた点]

2　2人一組で保育士役と保護者役となり面接時の会話をしてみよう（ロールプレイ）
●役割を交換したり，気付いた点について話し合う。

[気付いた点]

3　どのような点に配慮が必要か，グループで話し合ってみよう

[配慮する点]

◆地域子育て支援の内容を考える
― 保護者との協働を通して，子育ての喜びを共有する ―

＊地域子育て支援のプログラム内容について，計画を立て，活動を行い，その効果と反省点について話し合おう。

1 保育参加の計画を作成する

年　月　日（　）	対象		おとな　　人 子ども　　人
活動の目標			
活動の内容			
準備			
プログラムの流れ			
配慮事項			
反　省			

ポイント

① 子どもの状況や発達過程の把握。
② 子どもにとって最もふさわしい生活の場（養護と教育が一体化した環境）の活用。
③ 子どもを保育するための具体的な知識・技術の活用。
④ 子どもの思いの汲み取り。
⑤ 保護者との協力。
⑥ 地域の社会資源との連携。

Chapter 9 保育相談支援の実際Ⅲ
保護者支援の方法と技術

ねらい

① 子どもの送迎時の対応，相談や助言，連絡や通信，会合や行事など，保育の場での様々な機会を活用して保護者を支援する方法と技術を学ぶ。
② 日々の子どもの様子や保育の意図などを説明し，保護者との相互理解を図る方法と技術を学ぶ。
③ 家庭支援の際には，保護者の状況に配慮するとともに，子ども福祉を尊重することが重要であり，そのための方法と技術について学ぶ。

1 入所児童の保護者支援

(1) 保育と密接に関連した保護者支援の場面

保育所保育指針第6章「保護者に対する支援」には，「保育所における保護者への支援は，保育士等の業務であり，その専門性を生かした子育て支援の役割は，特に重要なものである。保育所は，第1章（総則）に示されているように，その特性を生かし，保育所に入所する子どもの保護者に対する支援及び地域の子育て家庭への支援について，職員間の連携を図りながら，次の事項に留意して，積極的に取り組むことが求められる」と書かれている。保育の特性は，身近なところに，子どもの育ちと子育てのための多岐にわたる専門知識と技術が蓄積されていることにある。したがって，保育の場での支援の基本は，家

```
入所児童の保護者支援
① 日々のコミュニケーション
 （送迎時の対応・連絡ノート・園内の掲示・おたよりなど）
② 保護者の参加
 （親子遠足・運動会・保護者懇談会・個人面談・家庭訪問・保育参観・保育参加（体験））
③ 保護者の自主的活動の支援
 （ピアサポート）
④ 相談・助言

地域子育て支援 （例示）
⑤ 地域に向けた施設や設備の開放
⑥ 親子の交流（遊び・活動など）
⑦ 体験保育・講演などのプログラム
⑧ 情報提供
⑨ 子育てに関する相談援助
⑩ 一時保育
```

図9-1 支援の機会

資料：金子恵美（2008）．保育所における家庭支援　全社協出版部，p.52を一部改変

庭に対して強い力をもって介入するものではなく，日常的な親子との関わりを通して自然な支援の場面を積み重ね，親子がもつ力を高めていくことである。保護者との日常的な関わりとして，次の場面が挙げられる。

（2）日々のコミュニケーション

保護者支援の基本は，保護者とコミュニケーションを図り，信頼関係・協力関係を醸成することである。このためにまずは，保護者と関わる場面を活用して保育の内容や子どもの様子などを伝える。その際に重要なことは，下記のようなコミュニケーション・スキルであり，保護者が安心して話すことができる状況である。

《コミュニケーションスキル》
① ノンバーバルコミュニケーション
 （非言語的コミュニケーション：表情，態度，雰囲気など）
② 波長合わせ
③ 待つ
④ 傾聴
⑤ 共感的理解
⑥ フィードバック
⑦ 支持する

1）ノンバーバルコミュニケーション（非言語的コミュニケーション）

穏やかな視線，笑顔などの表情，ほっとする声のトーン，話す間や速さ，身振り，位置や姿勢，態度などの言葉以外による表現，つまりかもし出す雰囲気や，人に与える第一印象が大切である。このためには，まずは，自分自身を知ることが大切となる。自分が人にどのような印象を与えるのかをよく知り，自分の良さを上手に活用する。また，自分の感情と向き合うということも必要となる。

2）波長合わせ

保護者と波長を合わせることも大切である。相手の言葉の強弱や態度などに調子を合わせ，相手の気持ちや状況に寄り添っていくということである。相手をよく観察し，発しているサインをキャッチする敏感性が求められる。

3）待 つ

保護者を受け止めることから始まる。相手が安心しリラックスできるような雰囲気づくりや語りかけをして，保護者から話し出すことを待つ。

4）傾 聴

保護者が話し始めたら，耳を傾ける。「8割は聞く」と心に決めて，こちらが話したくなるところを我慢する。

5）共感的理解

聞いていることを示す。うなずく，相づちをうつ，話の核心で視線を合わせたり上体を乗り出す，などの表情，姿勢，態度などによって伝える。

6）フィードバック

以下のような方法で，保護者の気持ちや理解した内容を相手に返し，保護者の話を聴いていることを伝え，語ることを支持し，また的確に把握していることを確認する。

- 保護者の言葉を繰り返す。
- 保護者が話したことを別の言葉で言い換える。
- 保護者が話した内容のうち，中心となることを明確にする。
- 保護者が話した内容を要約する。
- 保護者の気持ちを返す。

7）支持する

上記の方法によって，保護者自身の状況や思いを表現することを支持する。それは，保護者を認めることであり，保護者の振り返りに寄り添うことである。

（3）保護者の参加

保護者懇談会や保育参加，その他の行事で，保護者が保育や話し合い，活動に参加することは，保護者支援の大切な機会である。豊かな人間関係や達成感を味わうことは，心理的安定や成長につながる。これを通して保護者がもっている力を引き出したり，子どもへの理解の深まりを得ることができ，また，保育士や他の保護者との協力関係や仲間関係が広がる。このような豊かな体験と人間関係が子育てへの自信や喜びを深め，子育てのための具体的な知識や技術を獲得することにつながる。

（4）ピアサポート

保護者同士の交流を支援することは，子育てを支え合う仲間づくり（ピアサポート）につながることから，保護者会や保育参加などの工夫や，保護者の自主的活動についても側面から支援することが望まれる。ただし，保護者同士の自主的な活動は保護者の主体性が重要であり，保育士が中心となって引っ張っていくことのないよう気を付ける。また，交流は時には葛藤を生じさせることもあるが，保護者自身が主体となって問題を解決していくことで，仲間意識が高まる。一方で，人間関係が苦手な保護者が保護者の仲間関係から孤立しないためには，様々な機会を提供したり，配慮をすることが求められる。その集団が一人一人にとって自由で安心できる場とするためには，保護者間で傷付け合うことのないように必要に応じて，保護者間に境界を設けたり，行動に一定の枠を設定することも必要となる。

（5）相談・助言

保護者から明確に相談，助言を求められたときに限らず，必要があると判断した場合は，相談・助言のための面談の機会を積極的に設ける。その際には担任の保育士がすべてに対応するのではなく，内容によっては，主任・所長などが対応する必要もある。

保護者の様々な疑問，気がかりなどに対して，相談を受ける保育士は，まず傾聴することを基本とし，保護者の心情をとらえながら，理解，共感し受容する。保護者の自己決定

も重要である。それは権利擁護という観点に加えて保護者が自身で納得し、選択しない限りは生活スタイルや価値観を変えることができないことによる。このためには、保護者の気持ちに丁寧に寄り添いながら、子どもへの思いを確認していくことが必要となる。他の多くの親子を知っていることや、発達の見通しをもてることが、保育士のもつ強みであり、今、目の前のことで精一杯の親にこれらの情報を提供し、親が違う側面から子どもの発達や生活を見直し、見通しをもてるよう支えていく。その上で、原則として保護者からの求めに応じて助言などを行い、保護者自身が納得や解決に至ることができるように支援する。この際に望まれることは、「完璧な親」を求めるのではなく、保護者が今できることを共に考え、親子の絆を強めていくことである。

保護者と共通認識を深め、助言をする際に重要な点は下記の5点である。

> ① 子どもの具体的な言動
> ② その行動の背景にある子どもの気持ちや仲間関係
> ③ 発達過程からみたその場面の意味
> ④ 必要としているおとなの援助（社会資源の情報提供も含めて）
> ⑤ 見通し（他の例や、知識・情報など）

また、他の専門機関との連携を密にし、必要に応じて紹介や情報提供などを行う。特に不適切な養育や虐待については、即座に市町村か児童相談所に相談・通告しなければならない。困難な課題をもつ保護者を支援する際には、次の3点が重要となる。

1）専門機関との連携

保育士が家庭のサインを敏感に受け止め（ニーズキャッチ）、的確に判断し（アセスメント）、周囲に声をかけ、様々な立場や専門性をもつ人々と協力して家庭が必要としている支援につなげていくこと（マネジメント）が大切となる。

2）限界を設定した関わり

限界を設定すること、解決を焦らないことが重要である。熱意が高じて「私が何とかして助けてあげなければ」という気持ちに駆られることがあるが、そうならないように気を付けなければならない。また、保護者との関係が深まるにつれて、保育士が保護者に影響を及ぼすだけではなく逆に保育士の側も保護者から影響を受けるようになることを理解し、それに留意することも必要となる。

3）施設全体の支援体制と役割分担

援助に際しては、子どもと家庭の事実について記録をとり、状況を客観的に把握する。併せて職員間で、①情報交換、②ケースへの共通認識、③援助方針と方法の検討、④具体的な役割分担、を行う。このとき守秘義務に関しても確認し、必要な情報の範囲、把握の方法（誰が情報を集約するのか）、ルール（記録の書き方や保管方法）などについて具体的に決めておくことが重要である。

演 習

◆保育を通して保護者を支援する
　― 子どもの様子と保育の意図を保護者に伝え，子ども理解の深まりを支援する ―
＊保育場面のビデオを見て，そのときの子どもの様子を保護者に伝える。

1　一人の子どもについて，連絡ノートを書いてみよう
●書いた内容をグループ内で読み合って，気付いたことを話し合う。

［連絡ノート］

［気付いた点］

2　2人一組で保育士役と保護者役となりお迎え時の会話をしてみよう（ロールプレイ）
●役割を交換したり，気付いた点について話し合う。

［気付いた点］

3　保護者会でこのビデオを保護者に見せるとき，どのような点に配慮する必要があるか，グループで話し合ってみよう

［配慮する点］

◆保護者の仕事と子育ての両立を支援する
― 保護者と一緒に考えよう ―

> 《仕事と子育ての両立に疲れた母親》
> 　母親の育児休暇が明けて仕事に復帰するため、Yちゃん（1歳）は4月から保育所の1歳児クラスに入所した。父親は仕事が忙しく、土曜日も出勤することが多い。1歳半を迎えてYちゃんは自己主張が強くなり、「ヤダ」と拒否を表す片言を盛んに使ったり、また好奇心旺盛でいたずらが多い。母親は初めての子育てであり、Yちゃんの対応に戸惑い、また復帰したばかりの仕事との両立に疲れている様子が見られる。
> 　6月のある金曜日、母親が出かけた後に連絡ノートを開くと、「明日の土曜日は私は仕事が休みで家にいますが、Yがいると家事もできないので、保育園で預かってください」と書いてある。

　翌日の土曜日に子どもの保育を引き受けるかどうかの判断は、家庭や園の状況によってそれぞれ異なり、また母親の周囲に子育てを支援する人がいるか、地域に友人や社会資源があるか、それを母親が活用できる力や余裕があるかなど、様々な要素によっても異なってくる。

　したがって、このような場合には、まずは園内で家庭と園の状況に関する情報を集約し、園全体として判断することが必要となる。さらに母親との信頼関係がまだ確立していないことを考えると、連絡ノートで伝えることだけでは誤解が生じやすい。翌日のことでもあり、その日のうちに母親の帰りを待って顔を見ながら話をすることが大切である。それによって、母親の状況や理解を確かめながら、一緒に考えることが必要となる。

　このような面接場面では、以下の配慮が重要となる。

> ① 保護者がほっとできる対応（ノンバーバルコミュニケーション）
> ② プライバシー保護のための配慮（必要に応じて面接室などへ移動）
> ③ 受容と傾聴―母親が困っている状況を受け止めることからスタートする。
> ④ 子どもへの思いを共有し、子どもに対する共通理解を深める。
> ⑤ 子ども・家庭・周囲の状況に関する情報を集約する。
> ⑥ 園の状況・ルールについて確認し、状況に応じた対応について相談する。

　この面接の目的は、保護者の不安や悩みを受け止め、一緒に考えながら、母親が子育てを楽しいと感じることができるように支援することにある。上記の配慮事項に留意しながら、ロールプレイを行ってみよう。

演習　71

1　2人一組で保育士役と保護者役となりお迎え時の会話をしてみよう（ロールプレイ）。役割を交換したり，気付いた点について話し合う

［気付いた点］

2　どのような点に配慮が必要か，グループで話し合ってみよう

［配慮する点］

◆保育参加を通して保護者を支援する
　― 保護者との協働を通して，子育ての喜びを共有する ―
＊保育参加の内容について，計画を立てよう。
＊活動を行い，その効果と反省点について話し合おう。

1　保育参加の計画を作成する

年　　月　　日（　　）	対象		おとな　　人 子ども　　人
活動の目標			
活動の内容			
準備			

プログラムの流れ		
配慮事項		

ポイント

① 保護者の希望や意向を聞いて受け止める。
② 子どもの情況を生き生きと伝える。
③ 保育（所）の意図や大切にしていることを伝える（子どもの最善の利益，子ども自身の満足感や主体性，生活と発達の連続性など）。
④ 子どもの気持ちや行動の理解の仕方，心身の成長の姿などを伝える。
⑤ 保護者の子どもへの思いや努力を聞き，受け止める。
⑥ 保護者の悩みや困難を受け止める。
⑦ 保護者を励ましたり，子育ての自信や意欲を高めることにつなげる。
⑧ 保護者同士の交流を深める。

Chapter 10 保育相談支援の実際Ⅳ
保護者支援の計画,記録,評価,カンファレンス

ねらい
① 保護者支援の計画作成の意義を理解する。
② 支援計画の作成の手順を理解する。
③ 記録の作成と評価のあり方について学ぶ。
④ カンファレンスの意義ともち方について理解する。

1 支援の計画の作成の意義と視点

　生活の中で,親子のケアと成長を目指して支援していくことは,病気を治療するというように明確な目的を設定しにくい場合もある。だからこそ,保育の場での援助や関わり,カウンセリング的人間関係づくり,ケースワークやマネジメント,家庭や地域を巻き込んだサポートネットワークづくりなどの視点から,保育の場で可能な課題解決システムやプロセスを創意工夫する必要がある。また,保育の中での日ごろの保護者への対応や必要とされる関わりを,専門的な技術や知識に依拠して,できるだけ言語化していくことによって,支援の構築と質の向上を図ることができる。

　保護者支援は,保護者の心情や思いを傾聴し,共に話し合いながら,何が課題か明確にし,その解決に向けて見通しのある,支援を展開することが望まれる。保護者と継続的に関わりながら進めていくことが容易でない場合もあるが,支援の成果を振り返り,その後のフォローアップを考えていくためにも計画の作成は重要な意義がある。

2 計画作成のプロセス

　計画作成のプロセスは,相談の受理(インテーク)→利用者のニーズや課題の把握(アセスメント)→目標の明確化と計画作成(プランニング)→活動の展開(インターベンション)→振り返りと評価(モニタリング)→計画の見直し→今後の課題の明確化→計画の改善という流れが基本である。このプロセスの展開については,ソーシャルワークやカウンセリングの技法を援用すると理解しやすい。

(1) 関わりと気付きの場をつくる ― 保護者の居場所と信頼関係の形成 ―

　保護者への支援は,日ごろの関わりの中での保育士の気付きがきっかけになることが多

い。あるいは，保護者から依頼される場合もある。その意味では，保育所が保護者にとって心地のよい，安心して本音の出せる居場所となるような環境づくりが重要である。また，保育士も継続的な関わりがもてるように，コミュニケーションスキルを生かして日ごろから信頼関係をつくっておくことが求められる。

（2）ニーズのキャッチ

支援を考えていく原点は，保護者を理解することである。保育士の気付きあるいは保護者からの依頼は，インテークの機会とみることができる。保護者の心情や思いを傾聴し，何をどのように感じ（フェルトニーズ），どのように表現しているか（エクスプレストニーズ）を，面談やインタビューを通して受容的・共感的に読み取る。また，保護者の表情や表現，言葉の強さ，行動などにより心理的な状態を敏感にとらえると同時に，保育士として，それらをどう感じたのかも自覚的に把握する。この段階では直観的な印象を大切にし，感じ取った事柄は，キーワードやエピソードにして記録しておく。

（3）情報の収集とアセスメント

面談などを通して，生活状況や健康，人生観や信条，就労状況，育児状況や育児観，子ども観など，保護者自身の背景や心情を十分に理解しておくことが求められる。保護者の状況は，一人一人様々である。何気ない関わりや会話を通して，子どもに対する保護者の気持ちや育児への思いを共有し，共に子どもを育てる意識とパートナーシップをもって信頼関係を構築することが望まれる。そうした関係の中でこそ，保護者は保育士に心を開いてくれ，子どもの育ちや保育に必要な事柄や情報を共有することができる。また，子ども虐待の発見や予防につながるとともに，気になる子どもへの理解と対応，地域との連携や専門機関との連携もしやすくなる。

子どもに対しては，成育状況，家庭環境，生活リズム，生活や遊びにおける興味・関心，取り組む姿勢，性格特性，身体的特性，健康状態，運動や栄養（食事）状態，親子や家族・きょうだい・友達などの人間関係などを把握しておく。必要に応じて，専門家の所見や助言を得ながら，保育の場で可能ならば親子遊びにおける行動を観察したり，簡単な心理アセスメント（K版発達検査，バウムテスト，エゴグラム，文章完成法など）や心理療法（例えば遊戯療法や絵画療法など）などを応用する，エコマップやジェノグラムを作成する，など様々な知見と技術を活用して，多角的にとらえる。

必要な項目をアセスメント・シートにして，チェックしていくと効率的である。

（4）カンファレンスの実施 ― 支援の方針，ねらいの明確化 ―

計画作成に当たっては，園長はじめ保育士，保健師，調理師などできるだけ園の職員全員でカンファレンスをもつようにする。収集された資料，観察された事柄やエピソード記録などをもとにして，保護者の状況，子どもの状況，環境状況などを多様な視点から分析し，ニーズや課題を明確化する。そして，それらのニーズや課題を解決するために，何をどのように支援するかを検討し，支援の目標，援助の視点，環境設定，専門機関や地域と

の連携，保育士間の役割分担や連携などについて職員間で共通理解を図る。

　カンファレンスの実施に際しては，コーディネーターと記録者を決め，フラットな関係づくりに努める。コーディネーターは，それぞれの参加者の意見を尊重し，カウンセリング的人間関係づくりや，自由な雰囲気づくり，受容的・共感的に受け止め合える場づくりを心がける。それが，広がりのある生産的なディスカッションを導く。ここで検討された内容や個人情報に関しては十分に管理し，守秘義務を遵守しなければならない。

表10－1　カンファレンスにおける検討の視点

視　点	キーワード
保育の視点	保育目標，クラスの課題，子どもの課題，人間関係，職員との関係，保護者間連携，保育環境の構成
発達臨床的視点	保護者の発達課題，子どもの発達（情緒，運動，認知，言葉，人間関係など）と課題，生活と発達環境
カウンセリング的視点	保護者の感情表現，特徴的な言葉や行動，深層心理，親子関係，家族関係
ソーシャルワーク的視点	保護者の生活状況，就労，家族関係や地域関係（エコマップ，ジェノグラム，地域のネットワーク），機関連携，リスク・マネジメント

(5) 支援計画の作成

1）短期的計画と長期計画

　支援計画は，明確化された保護者のニーズや課題を職員間で共有し，支援の方向性，職員体制などを踏まえて，保護者の子育てへの相談・助言・援助や保育サービスにつながるように作成する。そのためには，保護者と共に考えながら進めるとよい。親子の育ちを見据えた長期的な見通しをもった上で，直面した課題に対応する短期的な見通しを考えていく。また，実際の支援は保育の場で行われることが多いので，保育の計画と連動させて考えておくと展開しやすくなる。支援計画の様式は，特別に様式を設定してもよいし，保育の指導計画に挿入する形を考えてもよい。

　保護者のニーズや課題，それに基づく計画や関わりのプロセスは，支援後の自己点検・評価の指標になるように，評価のあり方も踏まえて作成する。こうした計画の作成は，支援に対するアカウンタビリティ（説明責任）を果たすことにもなる。

2）支援の方法と内容

　実際の支援の方法や内容は，保護者の特質を重視し，個別的アプローチと集団的アプローチをうまく組み合わせ，支援ニーズに合わせて設定する。深刻であればあるほど個別的な支援が求められるが，実際には深刻であればあるほど個別的な対応を躊躇する場合が多い。人間関係は近すぎず遠すぎず，関わりの密度は濃すぎず薄すぎず，情報提供は多すぎず少なすぎず，自由感と親密感を高める環境づくりが大切である。

　支援の方法は，次のような内容が挙げられる。

　①　日常の保育場面での相談・助言

② 面接による相談・助言
③ 障害，被虐待など特別な配慮を要する子どもとその保護者の支援
④ 一時保育などの多様な保育を提供する支援
⑤ 育児サークルの運営やつどいの広場など居場所を提供する支援
⑥ 世代間交流や育児講座などの行事による支援

3 記録によるモニタリングと評価

（1）記録の作成

　保護者との関わりは，事実をありのままに記述するとともに，印象に残った出来事をエピソード（逸話）にして，時系列や関係性がわかるように具体的に記録する。記録シートをあらかじめ用意しておくと，記録にとどめておきたい事項を自覚することができ有効である。用意された記録シートはすべて記入する必要はなく，必要に応じて埋めていくようにすると，気持ちにゆとりができる。

（2）ケース・カンファレンスの実施と関係機関との連携

　エピソード記録と収集された情報をもとにケース・カンファレンスを行う。保護者の内面や状況の理解，保育士自身の関わりや援助の見直し，支援の方向性の検討などを行うとともに，スーパービジョンやコンサルテーションを受けながら新たな解釈を模索し，本質に迫る関わりのあり方も検討する。支援計画も，こうしたカンファレンスを通して，改善を図る。また，必要に応じて，専門機関や他の機関，あるいは地域の人材とのネットワークを活用して，支援体制づくりをする。
　カンファレンスのもち方については，前節ですでに述べたとおりである。

（3）残された課題とフォローアップ

　ケース・カンファレンスで検討しながら，支援の改善を図るが，解決できなかったニーズや課題について，今後のフォローアップを考える。しかし，すべて解決することを目指すのではなく，保育の場における支援の限界も自覚し，保護者にとって，問題が問題でなくなるプロセスづくりを大切にする。

参考文献
柏女霊峰・橋本真紀（2008）．保育者の保護者支援 ―保育指導の原理と技術　フレーベル館.
金子恵美（2008）．保育所における家庭支援　全社協.
喜多祐荘・小林理編著（2005）．よくわかるファミリーソーシャルワーク　ミネルヴァ書房.
厚生労働省（編）（2008）．保育所保育指針解説書　フレーベル館.
寺見陽子（編著）（2004）．子ども理解と援助―子ども・親とのかかわりと相談援助の実際　保育出版.
吉田眞理（2011）．保育相談支援　青踏社.

演　習

《演習事例　子どもがミルクを飲まず，大きくならない》
　ある日，Sさん（33歳）が，3か月の男児Mちゃんと2歳の兄Yちゃんを連れてセンターにやってきた。Mちゃんを不安そうに覗き込んでいる様子が気になって，保育士K先生に，「順調に育っていますね」と何げなく声をかけた。驚いた表情で顔を上げたSさんは，Mちゃんがミルクを飲まずなかなか大きくならないこと，保健センターの健診でもひっかかり，小児科の先生からも気をつけるように言われていること，兄のYちゃんは順調に育ったので自分の世話の仕方に問題があるのではと悩んでいること，Yちゃんが最近，赤ちゃんが生まれたこともあって退行現象と反抗を起こし荒れることなど，涙ながらに話す。その間，Yちゃんは，母親にモノを投げつけたり叩いたりして，しきりと邪魔をする。
　うつ的になったSさんは，これまで，専門機関や様々な相談機関を巡った。そのつど，問題はいまのところないが気を付けるように言われ続けてきた。はじめて「順調ですね」という肯定的な言葉をかけられ，とてもほっとして涙した。K先生も自分の子どもで同じように悩んだ経験があったので，体は大きくならなかったが特に問題はなく育ち，今は普通に大きくなっていることを話す。もう一度きちんと医学的な検査を受けてから，Yちゃんのことも含めて一緒に考えようと励まし，これから定期的にセンターに来るように進める。
　その後，訪れるたびに相談にのり，話しているうちに，夫（35歳）は優しく協力的だが，それがかえって自分を落ち込ませること，近くに夫と自分の両親がいるが，育児で迷惑をかけたくないと思っていること，妹とひいばあちゃんもいて，ときどき手伝ってくれること，育児に専念しようと退職したが，友達が仕事を続けている姿を見ると取り残された気がすること，反抗が始まったYちゃんをいつも感情的に叱ってしまい，どう関わってよいかわからず自己嫌悪に陥っていること，2人目の子育てなのにきちんとできない自分にふがいなさを感じていること，などがわかってくる。
　　　　　　　　　（記録者：中部学院大学子ども家庭支援センター保育士　金田環）
　　　　　　　　注：事例は事実に基づいているが，個人情報保護のため改変している

◆事例を読んでこの場面をロールプレイする

1　役割を決めよう
　　　母親，Mちゃん，Yちゃん，保育士，観察者，記録者，コーディネーター

2　子どもの気持ちを考えてみよう

［子どもの気持ち］

3　保護者の気持ちを考えてみよう

［保護者の気持ち］

4 保育士の気持ちを考えてみよう

[保育士の気持ち]

◆子どもと保護者のニーズをアセスメントするための面接をロールプレイする

ここでのロールプレイは，アセスメント・シート（No.3）やエコマップ，ジェノグラムを作成することを考えて，それらの情報が得られるような面接を考えてみよう。

1 面接場面の遂次記録をとってみよう
2 記録を見ながら，面接の際の発話や傾聴のし方を考えよう

◆アセスメント・シート，エコマップ，ジェノグラムを作成しよう

1 アセスメント・シートの作成

● ロールプレイで得た情報をもとにアセスメント・シートの例を作成してみよう。

No.3　アセスメント・シート　　　　該当する項目はチェック☑をする

		a：問題はない　　b：やや気になる　　c：問題がある	a	b	c	支援内容
1 子どもの状況	① 健康・発育					⇨ 嘱託医・保健センター
		□ 特定の疾病がある（　　　　　　　　　　）				
		□ 低身長，やせているなどの発育障害・栄養障害がある				⇨ 市町村・児童相談所
		□ 不自然な傷・皮下出血・骨折・火傷				
		□ その他（　　　　　　　　　　）				
	② 発　達					⇨ 保健センター（発達相談）
		□ 指示の理解が十分でない				
		□ 言葉が遅れている				
		□ 発達に遅れが見られる				
		□ こだわりが強い				
		□ その他（　　　　　　　　　　）				
	③ 情緒・社会性					⇨ 保健センター（発達相談）
		□ 衝動的（順番を待てない）				
		□ 多動（極端に落ち着きがない）				
		□ 注意不足（集中できない）				
		□ 激しい癇癪				
		□ 友達とのトラブルが多い				
		□ 子ども同士の関係の不安定（力関係で極端に態度を変える）				⇨ 市町村（児童家庭相談）
		□ 情緒不安定（脅え・暗い表情等）				
		□ 保育士との関係が不安定（極端な困らせる行動等）				
		□ 乱暴・攻撃的な行動				
		□ その他（　　　　　　　　　　）				
2 家庭での養育状況	④ 生活リズム（食事・睡眠）					⇨ 社会資源（児童委員等）
		□ 寝るのが遅い（日常的に11時過ぎ）				
		□ 起きるのが遅い（日常的に8時過ぎ）				
		□ 日常的に朝食を食べてこない				
		□ 夕食の食事内容に極端な問題がある				
		□ その他（　　　　　　　　　　）				
	⑤ 親子関係					⇨ 市町村（児童家庭相談）保健センター（保健師）
		□ 子どもの発達にそぐわない期待や対応				
		□ しつけが厳しい・叱ることが多い				
		□ 子どもの甘えや気持ちをくみ取れない				
		□ 親中心の生活				
		□ 子どもの話をあまりしない・子どもの心身について説明しない				
		□ 子どもに対する拒否的態度				⇨ 市町村（児童家庭相談）
		□ 子どもが親に怯えている				
		□ その他（　　　　　　　　　　）				

3 家族と生活の状況	⑥ ネグレクト（衛生・保健・事故防止・監護） □ 不潔な身体・衣服（洗濯・入浴・着替え） □ 歯磨きをしていない □ 虫歯が多い・急な虫歯の増加 □ 乳幼児健診・予防接種・医療を受けていない □ 監護不十分（事故が多い・子どもだけで外へ出ている等） □ その他（　　　　　　　　　　　　　　　　　）			⇨ 市町村（児童家庭相談） ⇨ 保健センター（保健師） 　　市町村（児童家庭相談）
	⑦ 登園状況 □ 日常的に朝の登園時刻が遅い □ 理由のない不規則な登所・降所時刻　等 □ 理由のない欠席が続く □ その他（　　　　　　　　　　　　　　　　　）			⇨ 市町村（児童家庭相談）
	⑧ 親の心身の状況 □ 身体的疾病がある □ 不安定・過敏である □ 攻撃的である □ 精神疾患がある □ その他（　　　　　　　　　　　　　　　　　）			⇨ 市町村（児童家庭相談） 　　保健センター（保健師）
	⑨ 家族関係 □ 母子家庭 □ 父子家庭 □ 家族関係が不安定である □ 家族内の暴力がある（DV） □ 虐待がある □ その他（　　　　　　　　　　　　　　　　　）			⇨ 市町村（母子自立支援員） ⇨ 女性相談センター ⇨ 市町村（児童家庭相談）
	⑩ 社会関係 □ 周囲に子育てをサポートする人がなく，孤立している □ 親と職員との関係がよくない □ 園への要求や苦情が多い □ 他の保護者との関係にトラブルがある □ 職場・地域での関係にトラブルがある □ その他（　　　　　　　　　　　　　　　　　）			⇨ 市町村（所管課）
	⑪ 就労状況 □ 理由のない遅刻・欠勤等が多い □ 理由のない転職が多い □ 理由のない不就労 □ その他（　　　　　　　　　　　　　　　　　）			⇨ 市町村
	⑫ 経済状況 □ 家計管理の問題がある □ 低所得・経済的不安定である □ 借金がある □ その他（　　　　　　　　　　　　　　　　　）			⇨ 市町村
その他				

資料：金子恵美（2008）．保育所における家庭支援　全社協　p.124．を一部改変

2　エコマップとジェノグラムを作成

●例を参考に，ロールプレイで得た情報をもとに作成してみよう。

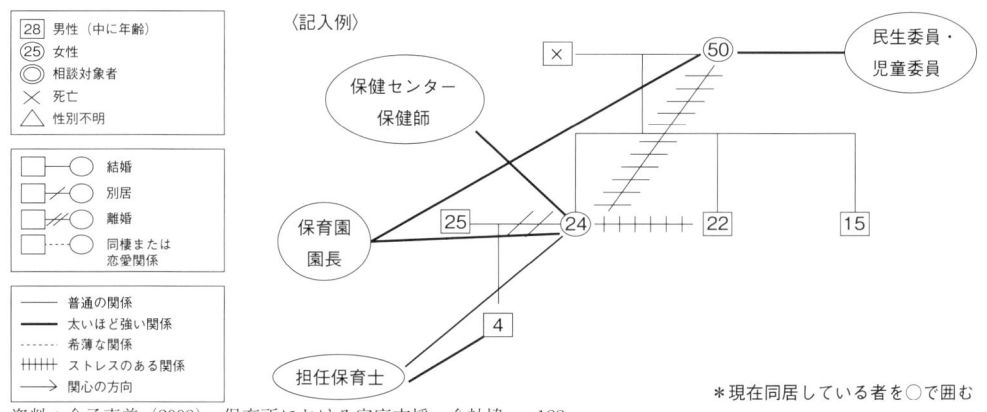

〈記入例〉

凡例：
- 28 男性（中に年齢）
- ㉕ 女性
- ◎ 相談対象者
- × 死亡
- △ 性別不明

- □─□ 結婚
- □─/─□ 別居
- □─//─□ 離婚
- □┈┈□ 同棲または恋愛関係

- ─── 普通の関係
- ━━━ 太いほど強い関係
- ┈┈┈ 希薄な関係
- ﬀﬀﬀ ストレスのある関係
- ──→ 関心の方向

＊現在同居している者を○で囲む

資料：金子恵美（2008）．保育所における家庭支援　全社協　p.122．

◆情報をまとめ，支援の方針を立てる

演習ワーク・シート		
項目	保護者	子ども
背景		
主訴		
アセスメント		
課題・ニーズ		
支　援　の　計　画		
長期目標		
短期目標		
支援内容		
地域や専門機関との連携		
評価観点		

ポイント

① ロールプレイを通して，保護者との対応や継承の態度を体験的に学ぶ。
② ロールプレイを通して，受容的・共感的に保護者の気持ちを理解しながら，必要な情報を収集する方法を学ぶ。
③ アセスメントの方法を体験的に学ぶ。
④ ニーズや課題と明確化し，支援方針を具体化する方法を学ぶ。
⑤ 支援計画作成の方法を学ぶ。

Chapter 11 児童福祉施設における保育相談支援 Ⅰ
保育所における保育相談支援の実際

ねらい
① 親が子どもを育てるという営みを考えてみよう。
② 保育所に子どもを委託して生活する家庭の様子を理解する。
③ 保育所の現状を理解する。
④ 保育所における相談支援の意義と方法を理解する。

1 親が子どもを育てるという営み

「親が子どもを育てるのは当たり前」という考え方はどこの国でも同じではない。ある種の「責任を伴う」「重要なこと」ではあるが、日本のように「親がすべて」であるような感覚が当たり前ではないことをまず押さえておこう。日本では、子育てだけではなく、高齢者・障害者介護や病人の看護に関しても同様である。「家族」「母親」を美化・神聖視する傾向が強いのである。

もちろん、これを日本の理念とし、目指していくことは一概に悪いとはいえない。しかし、本人の努力不足だけではない様々な事情でそれがかなわないこともあるだろう。

「親によって育てられない事情」としては、親の死亡、親の離婚により両親が共に養育者ではない、入院、受刑、行方不明などがある。さらに最近では虐待のように「養育内容が発達を阻害するもの」も「親によって育てられない事情」として挙げられる。育てられない事情の場合、社会的養護の場が用意されている。しかし、育てられないようになることを防ぐために「育児の外部化」も取り入れられ始めた。親が自身の死や心中を考え、それしか道がないと思い込むことを防ぐために、外部化の道やそれに対する社会の意識の変革が求められる。

日本の法律は親に「親権(しんけん)」(3章、p.19参照)を与えている。

しかし「親はなくても子は育つ」ということも念頭に入れておき、時々想起することは子どもに気楽さを与えたり親も一息つくことにつながる。もちろん、本来の子育てである、細かな発達過程を踏まえ、その時々に最適な保育や養育をしていくことは重要だ。また、親が人間として自分の生活に伴う感情の揺れから生じる言動を、子育てを含め限界を超えないようにしていく自己管理と、社会の温かな幅のある目も必要である。

「親が子どもを育てる」という営みは日本人の民法上の義務ではあるが、同時に「親の喜び」にもならなければ、「子どもの好ましい発達保障」は不可能である。子が成人する

までの20年にわたる「子育て」という営みは決して容易ではないことを，すべての人々が胸に刻むことが重要である。

2　保育所に子どもを委託して生活する家庭や家族の状態

　戦後65年の歴史を振り返っても「仕事と家庭と子育て」に関する考え方や実践の仕方は大きく変化している。また，法律や制度が変わっても人々の意識の中で定着し根付くには大変時間がかかる。例えば「結婚」に関しては戦後，憲法24条で「結婚は男女の合意」であり「幸せの追求」であることが明記されたが，長く「家同士の結婚」という意識は強かった。また，男女共同参画社会になって久しいが，実生活の中ではまだまだ程遠い状況も否定できない。そのことが「子育て」という待ったなしの日々の中で，主に母親である女性を苦しめる。

　保育所に子どもを預ける家庭は，そのことを踏まえた上で，夫婦・家族で共働きを選択した家族である。そこにその夫婦の家庭の価値を置いて生活を営もうとしているということである。

　姿勢や建前がそうであることと，日々が比較的穏やかに過ごせて結果としてチルマット・パーソンズ（Parsons, T.）のいう，家族の機能である①「成人のパーソナリティの安定化」，②「子どもの社会化」が上手く進行していくかどうかは別である。だから虐待，離婚，家庭内での殺傷事件が生じる。保育所では各家庭の日々がそのようであることを十分に理解しておかなければ，「子どもの最善の利益」という言葉にのって安易な保護者批判をしてしまい，結果として母親（保護者）を追い込み，子どもに不幸をもたらすようなことになってしまうのである。

　まず，保育士志向の人々は，現在の自分の生活を振り返ってみよう。現在それぞれ精一杯の大変な日々であろう。もちろん「学生」という身分も仕事と同様に大変ではあるが，多くは自分一人の生活で，しかも多少のアルバイトはあっても「給与を得て働く」という重責は少ないのである。この今の生活の中に子どもの育児が重なったらどうだろうか。もし，保育士になって保育所勤務と家庭，育児が重なったらどうだろうか。協力的な夫婦であっても，子どもが病気になれば夜の睡眠は十分にとれず，心労もある。看病のため，大事な業務のある日でも職場を休まなければならないこともあるだろう。そのための職場への遠慮や勤務上の支障のやりくりもある。また，複数の子どもがいればさらにその回数は増えていく。よくよく覚悟ができて成熟したパーソナリティの夫婦で，しかも職場がある程度の労働条件のところであっても大変な試練である。夫婦の成熟度が十分でなければ，すぐに夫婦間のトラブルは起きる。「この間も私が休んだから今度は休めないの」と妻が言えば，夫は「俺だって休めないよ」と言う。そして感情が少し険悪になると「第一男がそんなことで休めるか。子どもの病気は母親が看るものだ」などと整理したはずの男女不平等が簡単に頭をもちあげる。夫の親族がさらにそれを支持することもあるだろう。「いくら社会がそうなっても，やっぱりそうはいかないわよね」と聞こえよがしにつぶやく姑

の言葉，その言葉にのって夫の「そうだそうだ」という表情。

こんなやり取りが日常的になれば，「子どもなんか産まなきゃよかった」という子どもが聞いたら心理的虐待に属する言葉も行き交うようになるのに時間はかからない。

それは，寒さに当たれば風邪をひき，食べすぎれば胃痛が起こり，転べば打撲する身体の変動のように，「仕事と子育ての両立」という課題に取り組む家庭が陥りやすい「不調」のサインである。風邪の早期に医師から適切な薬の処方が得られたら回復するように，保育所が適切な医師の役割を果たすことが重要なのである。このことをしっかり心にとめて，「温かさと優しさ」をもって対応することが大切である。

3 保育所の現状

保育所は1999（平成11）年の保育指針の改定から，「子どもの保育」だけではなく「保護者支援」と「地域支援」も業務内容に含まれてきた。さらに2008（平成20）年度改定においてはさらに強調されている。その根拠は当然のことながら，「親の安定や幸せが子どもの最善の利益に」つながることが明白であるからである。保育所と保護者で子どもを育てるという側面もあるが「子どもと保護者を保育所が支える」という比重のほうが高くなってきている。これに伴い養成校のカリキュラムも「家庭」を重視している。従来からある家族援助論に加え，2011（平成23）年度改定からは「児童福祉論」が「児童家庭福祉論」になり，家庭も含めて保育所が支えるという傾向がより一層強くなっている。このことは，下記のような様々な社会的背景に起因する。

① 核家族化による，「ちょっとの手伝い手」の不足
② 少子化による，きょうだいの子守りなどの経験不足による育児不安
③ 子育て理想論の浸透により，息が詰まるような感覚になること
④ 子育てに関してインターネットなどによる一方的な情報はあっても「やり取りのできる場」が少ないこと
⑤ 「子ども」がやや人間性を損なう創造品のような感覚でとらえられがちなことと，「子どもにも大人と同じ感情がある」ということを忘れがちなこと

一方，保育所があまり理想論を取り入れようとすると無理になりすぎてかえってマイナスになる場合もある。保育所の経営・運営上の財源面の限界をしっかり全職員で認識していくこともまた，重要である。

保育所は児童福祉法，児童福祉施設施行規則，及び児童福祉施設の設備及び運営に関する基準に基づいて，運営費という国からの財源と補助金という都道府県市区町村からの財源で成り立ち，予算が立てられ，人件費や保育教材費，また様々な管理費が捻出される。収益事業ではないため，原則的にその他の収入は寄付以外にはない。そのような財源面に

が運営されていることを理解し、それによりどのような限界があるのかをみんなで共有することが必要である。

例えば、保育所はおおむね11時間、延長保育を入れると13時間開園している。時間帯によって子どもの人数が異なるとはいえ、保育士定数を8時間労働の保育士でまかなうことは到底不可能である。したがって、園内の入所児童に見合った保育士が在籍していたとしても、すべての保育場面で保育士定数を満たすことは不可能である。定数はその保育所の児童定員に対する保育士定数を示すものである。このことに対するしっかりした理解ができていないために、法を犯しているような罪悪感をもつ保育士もいる。しかし、運営費の仕組みを理解すればおのずと理解できるはずである。

その中で保護者支援の時間や方法をどのように組み立てていくかなど基本的な整理が必要なのである。特に、学生時代はどちらかというと「理想論」「あるべき姿」を学ぶ。新規採用時点では自身も力不足であることに加え、「組織の限界」を度外視して学んだとおりに実践しようとして疲労し不満になり、退職に至る場合も少なくない。どの家庭もその収入との関係で生活が成り立っており、それが必ずしも望ましい理想の生活と一致しないのと同様に、組織も限られた財源の中で運営している。自分の家庭の収入を知らずして生活しようとしても無理である。保育所の職員の不満はここに起因する場合が多いことを認識したい。その上で各保育所は相談支援の時間も組み込んだしっかりしたローテーションを組み、専門職にふさわしい相談支援を展開することが重要である。保護者への相談支援が業務範囲である限り、保護者支援に対する人件費も運営費の中に含まれているのである。

4 保育所における相談支援の意義と方法

(1) 事例から考える

ここでは「仕事をもつことを選択した家族の日常の忙しさ」や「理想の保育を行うための保育所の経営・運営から見た限界」などを十分に含んだ上で、現実に沿った保育所における相談援助の方法などを考えたい。

保護者を支えることが保育所の重要な役割であることや、保育士の役割が「子どもの保育だけしていればよい」というものから「保護者の幸せが子どもの幸せにつながるので保護者支援が必要」というものへ変化したことを十分に踏まえた上で、限られた条件の中での援助の有効な方法により理想的な相談援助を行うための今後のあり方を考えてみたい。

1）例1：主訴のほかに本当の悩みがある母親の場合

Yさんは、学校給食で栄養士業務に携わりながら3人の男児を抱えている母親である。一番上の5歳児、Sちゃんに最近乱暴な行動が多くなった。家では下の弟たちを殴ったり突き飛ばしたりする。母親が怒るとさらに乱暴はエスカレートする。

母親が悩んで相談に来た。Sちゃんの言動は家の中だけではなく保育所でも同様の気配が見えてきた。友達とのトラブルも多いが、椅子を投げたりなどの激しい行動も多くなり保育士も悩んでいた。園長はゆっくり時間をとって相談にのろうと日時を設定した。母親

は大変疲れたような様子で17時半ごろに園長を訪ねて来た。限られた時間の中で，できるだけゆったりとした雰囲気で対応する必要があった。園長が徹底して温かく柔らかく接することで，時間が短くても「ゆったりした雰囲気」をかもし出すことができる。園長は母親からＳちゃんの様子を聞き，そして園での様子も伝えて状況の共有をした。その上で，どうしてＳちゃんがそのような状況になったかを共に考える雰囲気で園長の所見を述べた。「5歳という年齢で，下の2人の弟の"お兄ちゃん"としての役割のため，お母さんに甘えられない欲求不満の表れではないでしょうか」。母親も同じことを感じていたが，日常ではどうしてよいかわからず混乱していた。園長は思い切った提案をした。「Ｓちゃんと添い寝したらどうでしょうか」。母親は現実の子どもの就寝時間を思い浮かべ，「とても無理」と言う。父親との協力体制を聞いてみたところで，もう一つの母親の悩みが浮き彫りになった。それは，父親の協力がないことであった。

父親は小学校の教諭で，勤務後毎日喫茶店で2時間程度を過ごし子どもが寝たころに帰宅する，と言うのである。いくら協力を依頼しても父親は帰らないとのこと。父親も職場で学年主任になり生徒にも問題があり，うつなどの疾病を抱えている教員や学級崩壊に近い状況もあって，帰宅前に喫茶店で2時間程度様々な整理をしないと勤務に支障があると言うのである。しかし，母親は不満だった（主訴のほかに解決すべきもう一つの課題がある）。母親も栄養士としての業務は楽ではない。園長は話を聞くうちに，子どもの乱暴の背景として母親の父親に対する不満があるのではないかと考えた。その不満が子どもの育児を多少粗雑にし，子どもを叱る場面を多くさせ，子どもの乱暴を引き起こしているのかもしれない。園長は父親面談を提案するとともに，家庭環境に苦しい状況が見られるとすると，保育所でそれをカバーする保育をしなければならないと痛感した。児童福祉施設としての保育所は，たとえ保護者が不適切な状態の場合でもそれをカバーして保育するのが役割だからである。園長は以下のことを考えた。

① 母親には可能な限り添い寝をすること，スキンシップを十分にとること（頭をなでる，肩を抱き寄せるなど）を今までより多くすることを望むこと。その期間の目安は2か月間程度
② 母親の了解があれば父親面談をして理解を求めること
③ 保育所でもＳちゃんに目をかけ，スキンシップを十分に行うこと

その結果，1か月で改善の兆しを見せ，2か月でＳちゃんは落ち着きを取り戻した。

2）例2：長く子どもができなかった夫婦の心配性に応える

Ｍさんは夫婦で青果業を営んでいた。夫婦は仲良く，結婚10年目にできたＡちゃんを大層かわいがっていた。どうしても，「やっとできた子ども」「高齢出産の夫婦」の場合，行き届いている分，心配性でもあり，過保護でもある。

ある時，悲痛な様子で母親が相談に来た。「Ａは3歳になるのにおねしょばかりしている」と言うのである。

主任保育士は，母親の子どもへの想いを十分に聞くことから始めた。養子をとろうかと思っていた矢先の妊娠をどんなに喜び，この子を育んでいるかがわかる。しかし，やや神経質なその状況が子どもの育ちにマイナスの様相を呈しているとも思えた。保育所への連

絡ノートの細かさや風邪気味のときの要望などにそれはうかがえた。でも，そんなことを指摘してもプラスはないと主任保育士は考えていた。

母親は自営の店を夫にゆだねてきたので午後2時ごろから来園し，面談には十分に時間があった。

主任保育士は母親に，夫婦のなれそめから子どもの誕生までをゆっくり聞きながら提案をした。「お母さん，1か月間，Aちゃんがどのくらいおねしょをするか，カレンダーに書いて持ってきてください」と。それを見てまた考えましょうね，と言い，3歳のおねしょが異常ではないことを伝えた。

1か月後，母親が柔らかな表情で訪れた。「先生，案外おねしょをしていないのです」と言う。最初のときの「毎日のようにおねしょをします」と言うのと明らかに違う。

もともとその程度だったようである。そして母親が少し気を楽にしたことがおねしょをいくらか少なくしたようでもある。主任保育士はおねしょの仕組みを改めて話し，心配のないことを伝えた。数か月後，母親は明るくなった。

共に正確な状況確認（アセスメント）をすることや，根拠のある説明をすることで自然に状況が好転し，母親も悩みから解放された例である。

3）例3：父親のDVにおびえる母親と子ども

Uさん夫婦は一人娘のRちゃんと共によい家族のように見えていた。父親は細い体でよく動き，Rちゃんのお迎えのときも本当に細やかに世話をした。母親は病院の看護助手で夜勤もあったがよく働いているようだった。

ところがある日，主任保育士が園長に「私，昨日遅く駅に着いたらUさんがRちゃんをおぶって駅に立っていました。声をかけたら気まずそうに行ってしまいましたが，駅を利用していたり誰かを迎えに来ていたりしているのではないようでした」と話した。

Rちゃんは早朝保育から遅番保育までの長時間受託児であった。数日後保育士が「今日はRちゃんは服も汚れていて，ソーセージを1本食べながら来ました。なんだか家から来たのではないようだなあと思ったのです」とのこと。さらに数日して園長はUさんに声をかけた。Uさんの現在の職場は，園長の知り合いを通じて勤務に至った経緯もあるのでその辺の様子を聞くようにして話をしたのである。少し話し始めるとUさんは涙ぐみ，夫のDV（ドメスティック・バイオレンス）のためRちゃんをおぶって駅で夜明かしをしていると話したのである。園長は絶句した。DVは法律どおりの処理がなかなか難しい。離婚を覚悟した上であれば，家出をする，警察へ届け出るといったことも可能だが，その決心ができていないときにはさらに状況を悪化させることにもなりかねないからだ。

園長は，園舎2階にある自宅の3畳間を，こういう場合の緊急避難所にしていた。駅で夜明かししなくてはならないような場合は，園長宅を訪ねるように伝えた。そして実際に，数回園長宅ですごす夜を迎えたのである。夫はアルコールへの依存もひどく関係修復が困難な状態であったため，やがて離婚してUさんはひとり親としての道を歩み始めた。ひとり親になってからの母子はそれ以前より明るくもなり，Rちゃんも健康になっていった。

演 習

◆「課題のある子ども」の保育計画を検討する
　1　下の様式を利用して「課題のある子ども」（主に保護者が不安を訴える子どもの状況）について記載した上で検討してみよう

課題のある子どもの保育計画

園長		主任保	乳主	幼主	給主	看護	担当	回覧		
児童名：					男・女	年　月　日生		入園：	年　月	

属性・児童票添付
課　題
状　況
検討開始：　　　　　年　　　　　月　　　　　日
短期（1か月）保育目標（どのような保育工夫で・どのような姿になっているか）
長期（6か月）保育目標（どのような保育工夫で・どのような姿になっているか）

月日	保　育　工　夫	子どもの反応	保護者の様子

◆「モンスターペアレント」など苦情や要望の強い保護者の支援計画を検討する

② 下の様式を使用して「モンスターペアレント」など苦情や要望の強い（これは利用者主体で悪いことではないが対応に技術や慎重さが必要である）保護者について考えてみよう

関わりが必要と思われる保護者支援計画㊙（　　　　　　）

氏名（イニシャル，氏名なしも可）	年齢　　歳位	男　女	居住　　市　　町
支援の必要性を感じた理由（いつ，どこで，どのような場面から）（アセスメント含む）			
個別支援が必要かどうかの検討（　　月　　日　機関名　　　　　　　　）			

月日	支援計画（訪問日　訪問者　援助内容　援助に関する留意点）	結　　果

ポイント

① 柔らかさと温かさをたたえた雰囲気。
② 保育所に乳幼児を預けて社会的責任を果たしている保護者の「大変な日常」を思いやる。
③ 受容（ありのままを受け入れて）・傾聴（十分に話を聴き）・共感的態度（気持ちを理解する）
④ 短時間面接でも場の設定には気を配る。

Chapter 12 児童福祉施設における保育相談支援 II
保育所における特別な対応を要する家庭への支援

> **ねらい**
> ① 特別な対応を要する家庭の状況について知る。
> ② 支援の際に留意する点について学ぶ。
> ③ 就学に向けた移行支援について学ぶ。

1 特別な対応を要する家庭とは

　保育所での保育を行う際に、この子どもは他の子どもと様子が違うなと感じたり、送り迎えの際に、保護者の様子がおかしいなと感じたりすることがある。いろいろな子どもたちや保護者が利用する保育所であるから、子どもや保護者の様子が一様であることは考えられないため、違いを修正する必要はない。しかし、保育者が感じた違和感は、保護者にとっての子育てのしにくさにつながっているような事例もある。こうした状況に対して、ちょっとした配慮や支援を行うことで、子どもや保護者の生活のしにくさ、子育てのしにくさを解消するきっかけになる場合もある。
　では、どのような場合に保育者として特別な対応が必要となるのであろうか。①子どもに対する関わり方、②子どもの心身の課題、③親の状況に関するものに分けて説明する。

(1) 子どもに対する関わり方

　子どもの育ちは保護者にとって大きな喜びをもたらす。前の日にはできなかったことができるようになる姿など、子どもの日々の成長を見守ることの幸せは、保護者にとって何事にも代えることができない。しかし同時に、子育ては楽しいことだけではない。子どもは保護者の状況にかまわず、自身の欲求を満たすことを求めてくる。このように子育てが保護者に対して心身の負担や経済的な負担などをかけることは、すでに学んできたとおりである。児童虐待に至らなくても、子どもに対してイライラしたり、無気力になったりすることは当然起こりうることである。このまま放置したら虐待につながるのでは、という保護者の関わり方にハラハラする保育者は多くいるであろう。
　こうした場合には保護者とどのように関わりをもてばよいのであろうか。例えば、保育所の送り迎えの場面で、靴の履き替えにまごついている子どもに対して怒鳴りつけることは、子どもにとってよい対応であるとはいえない。だからといって保育者が、「もうちょっと優しく言いましょうね」と子どもとの関わり方を伝えるだけでよいのであろうか。怒

鳴っているのは，毎日の子どもとの関わりの中での心身の負担感がうっ積した結果が爆発して生じていることである。優しく言ったほうが子どもの発達上よいことは，保護者自身がよく知っている。そこで，子どもとの関わり方を助言するだけでなく，保護者の日々の取り組みをねぎらうことも忘れてはならない。

（2）子どもの心身の課題

人の性格にはそれぞれ違いがあるように，子どもたちの発育・発達はそれぞれに異なる。生後10か月で歩けるようになる子どもがいれば，1歳半になって歩けるようになる子どももいる。いろいろなことに好奇心を抱いて，多動傾向を示す子どもがいれば，人見知りが激しく，担当の保育者以外との関わりを避ける子どももいる。多くの子どもたちの発育・発達を見ている保育者であれば，こうした違いは一時のものであり，様々な経験を通して修正されることを知っているので，心配することはない。しかし，親は自分の子どもの発育・発達が他の子どもに比べて少しでも違っていると不安になる。発語が遅ければ「知的障害ではないか」と不安になったり，好奇心旺盛で落ち着きがないなら「発達障害ではないか」と心配したりする。実際に障害がある場合もあるし，障害とまではいえないが，配慮を要する行動特性をもつ子どももいる。

保育者は，どのような子どもにも適切な保育を提供することが必要となるが，同時に保護者の不安や心配に応えること，子どもたちの行動特性に応じた養育について保護者に伝えることが必要となる。

（3）親の状況に関するもの

家族の形態などから，特別の対応が必要になるリスクを抱えている家庭がある。ひとり親家庭である。ひとり親家庭は母子家庭と父子家庭の総称で，子育てや家事などと就労を同時に一人の大人が担わなければならないという点で，親の負担はふたり親家庭と比べ大きくなる。実際に経済的な状況を見ると，一般の子育て家庭と比べひとり親家庭は収入が極端に低く，貧困のリスクを常に抱えている。特に母子家庭においては，その平均年収が生活保護の水準に近いことが知られている。また，一人ですべてを担わなければならないという精神的な負担感が，子育てをする上での大きなプレッシャーになることが多い。

また，近年増加してきた事例として，外国にルーツをもつ子どもの利用がある。現在，日本には200万人以上の外国籍をもつ人々が生活しており，当然外国にルーツをもつ子どもたちの数も増加し，保育所を利用するケースも増えることとなる。子どもの発育・発達という面では，外国にルーツをもとうが，日本にルーツをもとうがそれほど変わることはない。しかし，言葉や社会的文化的な背景の違いによる行き違いが生じることがある。食事（宗教的な問題で食べられないものがある）や，活動上の配慮についても行う必要がある場合があるので，その点についても十分すぎるくらいのコミュニケーションを日常的に心がける必要がある。

そのほかにも，保護者に障害がある事例や，社会的に孤立している家庭などが考えられる。それぞれの状況に応じて，保育者が配慮する必要がある。

2 支援の際に配慮すべき点

　これらは，子どもたちが育つ上で適切でない状況をつくりかねないリスクであり，こうした状況自体が悪いということでないと理解しておくことが必要である。子育てでイライラする保護者は多く存在するし，障害や気になる行動特性をもった子どもたちも多く存在する。ひとり親家庭や外国籍の家庭の存在も同様である。こうした家庭が適切な子育て環境を子どもに提供するための，リスクを回避する予防的な関わりとして，保育者は特別な対応を心がける必要がある。

　具体的には，①保護者の不安や心配に寄り添うこと，②適切な情報提供，③直接的な関わりを行う必要がある。

（1）保護者の不安や心配に寄り添うこと

　特別の対応を要する家庭の保護者に対して支援を行う場合には，相談支援の基本として，保護者が感じている不安や心配を傾聴し，共感し，受容する関わりが必要となる。日々，保護者と接している保育者だからこそ，気軽にコミュニケーションをとり，相談支援をすることが可能となる。その関係性を活用することが必要である。ただし，注意しなければいけないのは，保護者が感じている以上の不安や負担をかけないように配慮することである。保護者が自分の抱えている課題の存在を認めること，その存在を他者に伝えること，そしてその課題に立ち向かうこと，という過程は，保護者にとって困難なことが多く，時間がかかる。保護者自身が立ち向かう準備がないのに，保育者が先回りすると，保護者を傷つけてしまい，逆に状況を悪化させてしまうこともある。

　例えば，自分の子どもに多動傾向があり，3歳児健診で専門医にみてもらうことを勧められた保護者の心情はどのようなものであろうか。日常的に感じていた「自分の子どもに障害があるのではないか」という不安が，他者からの指摘により現実のこととして保護者自身が直面せざるをえない事態となったとき，保護者は大きなショックを受けるだろう。そして，あまりのことにその事実を受け入れたくないとの気持ちが生じ，その事実から逃れようと否認することもある。このような状況の保護者に対して，保育者が客観的な事実を示して，子どもの障害を認めるように迫ったとしたら，保護者はどう感じるであろうか。ますます，かたくなになり，否認するであろう。そしてその事実から逃避し，結果として適切な検査や早期の療育を子どもに提供する機会を逸してしまう。

　大切なのは，保護者が事実と直面化することではない。保護者の気持ちに寄り添い，共に悩み，共に答えを見出していくことである。時間がかかることもあるが，保護者が課題に立ち向かうその過程を支援することが必要である。

（2）適切な情報提供

　気持ちに寄り添った上で，保育者は専門職として適切な情報の提供をする必要がある。

前記の事例では，専門医や保健所，児童相談所，発達障害者支援センターなどと連携する必要がある。障害のある子どもの場合には早期の療育や保護者の障害に対する適切な障害特性の認識が，子どもにとってよい影響を与えることが知られている。したがって，専門職同士の連携を通して，こうした情報提供を行う必要がある。

保護者が外国籍で，日本語によるコミュニケーションが苦手な場合には，様々なレベルにおけるメッセージの伝達が必要となる。日本で育った子どもは日本語を自由に操ることができても，保護者が同様に日本語を理解するとは限らない。保育者が「伝えたつもり」であっても，保護者が理解していない場合もある。日本語の理解が十分でない保護者との関わりの際には，言語によるコミュニケーションだけに頼らず，文字や図などを利用した視覚的な情報の提供を心がけ，保護者の反応に対する注意を十分に行うことが必要であろう。状況に応じて通訳を手配することを考える必要もある。

また，保護者にとって自身の抱えている課題を，他の保護者に知られたくないような状況もある。そうした場合には，他の保護者に知られないようにするなどの配慮が必要となる。情報提供においても，保護者自身の気持ちを考え，伝え方の工夫が必要である。

（3）直接的な関わり

それぞれの課題に対して保育者自身が日々関わる際には，担当の保育者だけでなく，保育所全体で情報を共有し，保護者との接点となるのは誰か，また外部の支援機関への窓口になるのは誰かなど，それぞれの役割を決めて取り組むことが有効である。

子どもの障害や行動上の特性などが保護者の心配の要因となっている場合には，子どもに対する適切な関わりを提供する上で，心身の特性とそれによる活動の取り組みを区別してとらえる必要がある。これはWHO（世界保健機関）の定めたICF（国際生活機能分類）などに基づく考え方である。例えばAD/HD（注意欠陥/多動性障害）の子どもは，外部からの刺激に対して過剰に反応することが障害特性として認識されている。そのため，集団での保育においては，落ち着いてプログラムに参加することができず，他児とのトラブルも多くなることがある。しかし，外部の刺激が少ない環境（環境因子）であれば，集中してプログラムに参加することが可能となる。障害特性がプログラムへの参加を阻んでいるのではなく，障害特性に配慮していない環境がプログラムへの参加を阻んでいるのだ。そしてその環境を提供するのは保育者であることを認識して，保育に臨むことが必要となる。

3　就学に向けて

保育所を利用する子どもたちは，いずれ小学校または特別支援学校に進学する。子どもが就学したからといって，特別な対応が必要となる家庭の状況が改善されるわけではない。近年，保育所や幼稚園と小学校との連携が重要視されているが，どのような配慮が必要で，どのような対応を行ってきたのか，専門職として情報を共有していくことが必要となる場合がある。その際，個人情報保護について，十分認識しておく必要がある。

演 習

◆障害の受容への支援の方法について考える

> Kくん（5歳児）は衝動的に他児の使っていた玩具を奪い取ったり，急に走り出したりすることが多く，落ち着いて何かに集中することが苦手な子どもである。担当保育士のRさんはAD/HD（注意欠陥/多動性障害）を疑い，専門の医師に診断を受け，適切な療育を行うことが必要であると考えた。なぜなら，毎日のようにKくんは他児とのトラブルを繰り返し，叱られる場面が多いからである。この原因は，障害に適切な環境提供ができないことにあり，環境づくりのためには母親の協力が必要であると考えたからである。
>
> そこで主任保育士のTさんに相談した。するとTさんは，Kくんの母Mさんが他児の保護者から多動を指摘された際に，「Kを障害児扱いしないで！」と強い口調で応えていた場面に遭遇したことがあったため，直接指摘するのは難しいと考えた。そこで「Mさんが冷静にKくんのことをとらえることができるようになるまで，少し待ちましょう」とRさんに伝えた。

1　下記の事柄について，5～6人のグループで意見交換をしてみよう

●母MさんはKくんの行動についてどのように考えているのであろうか。

●上記の事例において，あなたが担当保育士であったらどのように取り組むであろうか。

◆外国にルーツをもつ保護者とのコミュニケーション

> Mちゃん（2歳）の父Sさんと母Eさんはブラジル出身の日系4世であるが，2人とも日本語でのコミュニケーションは苦手のようである。
> 　保育園の送迎は主にEさんが行っているが，保育士がその日のMちゃんの様子を口頭で伝えても，笑顔で応えるものの，内容を理解している様子はない。持ち物などをお便りや連絡帳，口頭など様々な方法で伝えるように心がけているが，よく忘れ物をする。
> 　担当保育士のSさんはこの状況を改善するためにどのような働きかけをしたらよいのか困っている。

1　下記の事柄について，5～6人のグループで意見交換をしてみよう

●保育士Sさんが困っている内容はどのようなことであろうか。

●母Eさんが困っている内容はどのようなことであろうか。

●どのような支援の方法が考えられるであろうか。

◆気になる子どもの就学移行支援

　Aくん（5歳児）は，何かに集中すると他のことをするのを忘れてしまうという特徴がある。例えば，登園時に保育園の中でチューリップの花を見つけたとき，チューリップの歌を歌い始め，それが楽しくなってしまい，靴を履き替えたり，かばんを部屋に置いたりすることを忘れて，歌い続けてしまうといった具合である。母のIさんや保育士が声をかけると次の行動に移ることができるが，Aくん自身で切り替えることは難しい。Iさんは，Aくんの行動に対して，障害ではないか，小学校に行ったら困ったことになるのではないか，と心配に感じていた。

　Iさんはこうした心配を，主任保育士のOさんに相談することとした。OさんはIさんの話に対して「それは心配ですよね」と何度も共感する態度を示し，次のように伝えた。

　「お母さまがAくんの行動上の特性を適切に認識していることがすばらしいと思いますよ。だって，それだけAくんのことがわかっていれば，お母さまはどのようなときに注意すればよいか予測して，先回りすることができますから。ただ，小学校に上がると，保育園のように大人がフォローできる場面は少なくなります。ですから，Aくんの行動特性の情報をAくん自身と共有して，一緒にどう対応するかを考えてみたらいかがですか。失敗することもあると思いますけれど，Aくん自身が自分の特徴を知って，対応することができるようになれば，理想的ですよね。それから，このAくんの行動特性を小学校の先生にお伝えしておけば，先生にも協力してもらえると思いますよ。保育園からも進学予定の小学校にお伝えしてもよければ，お伝えしますよ」。

Chapter 12 児童福祉施設における保育相談支援Ⅱ

1 下記の事柄について，5〜6人のグループで意見交換をしてみよう

●上記の保育士Oさんの発言の意図について考えてみよう。

ポ イ ン ト

① 特別な対応を要する家庭の状況について学ぶ。
② 保護者が抱えている課題について否認したくなる気持ちについて学ぶ。
③ 課題を抱えることにより，保護者に生じる負担感があることを学ぶ。
④ 支援の際に保護者の気持ちに寄り添うことの大切さについて学ぶ。
⑤ 支援の際に留意する点について学ぶ。
⑥ 就学に向けた支援について学ぶ。
⑦ 小学校等との連携の重要性について学ぶ。

Chapter 13 児童福祉施設における保育相談支援Ⅲ
児童養護施設等要保護児童の家庭に対する支援

ねらい

① 施設に子どもを預けなければならなくなった保護者を支援していくために，まずは，その保護者の置かれている状況を理解する必要があるだろう。そこで，要保護児童の家庭の状況について整理し，理解を図りたい。
② 次に，保育士が相談支援を行う際の目標とは何かということについて整理をしたい。そこには，施設に子どもを預ける保護者固有の課題があると考える。
③ 以上を踏まえ，一時的にせよ，保護者と分離を行い，保護が必要となる児童とその家庭に対する保育相談支援のあり方を児童養護施設を中心に論じてみたい。

1 要保護児童の家庭の状況について

（1）入所までの経過の中で何が起きているのか

　厚生労働省が5年に一度公表している児童養護施設児童等調査結果がある。この中に「養護問題発生理由」という項目がある。これは，子どもが児童養護施設等（以下，施設）に入る状況がどのような理由によって起きたのかを概観できるものである。ここで，一般的に「虐待」とされる項目である「放任・怠惰」「虐待・酷使」「棄児」「養育拒否」を合計すると，児童養護施設児童の場合，33.1％となる。

　重要なことは，なぜ虐待が起きてしまうのかということにあるだろう。そこにこそ養護問題がなぜ起きてしまったのかという背景があると考えられるからだ。虐待を引き起こしてしまう理由には諸説あるが，まずは，保護者自身がその生育歴の中でその親から虐げられてきた経験をもつ者が多いように思われる。むろん，このこと自体が虐待を引き起こすわけではない。そうした偏見が施設に子どもを預ける保護者を追い込む危険性すらある。保護者自身がその生育歴の中で虐げられてきたことは，何らかの生きづらさを抱え込ませるという理解が大切である。その生きづらさの一つとして指摘できることが，「孤立」である。虐げられてきただけに，容易に人に助けを求められないのである。自分が他人から否定的に思われているのではないかという思い込みがあると思われる。

　虐げられてきた体験がなかったとしても，子どもと四六時中一緒にいることは，とてもストレスである。子どもと共にいることは楽しさもあり，喜びもあるが，自分の状態をうまくことばで伝えられない乳幼児のその要求のわからなさと，その「悲鳴」に似た泣き声に余裕をもって対応し続けることは容易ではないのだ。そのしんどさに共感してくれた

り，実際に手助けしてくれる他者がいるからこそ，そのストレスに耐え続けられるのである。こうした中にあって，誰も手助けをしてくれなければ，子どもの「悲鳴」は，親を「責めたてるもの」として聞こえてしまい，それを聞いた他者の「非難」にさらされたくないゆえに「密室化」していくのである。そうなると虐待は「見えにくく」，その困難さも余計受け止められない，「逃げ道がない」という悪循環にはまっていく。

　前述の調査結果によると児童養護施設の場合は，入所前の家庭状況が，「実母のみ」が42.5％となっている。子育てのパートナーである実父が不在である家庭が2人に1人であるということからすれば，母親が一人で子育てをする中で追い詰められていったのではないかということが推察される。

　もう一つ，保護者を虐待に追い込む要因が，「貧困」である。保護者自身が無職であったり，低所得を強いられるようなパート労働者であるようなことが少なくない。具体的な数字を出すことができないが，大学を出ているような例はまれであろう。むしろ，中学しか出ていなかったり，高校を中退してしまっていたりと，低学歴で高収入を得る仕事に就くことが難しいというのが現状であると理解してよいだろう。収入のめどが立たないということは，明日の生活もどうなるかわからないということだ。そうした暮らしの中で，保護者自身がその人生を悲観してしまったり，「今さえよければよい」といった刹那的な生き方になってしまうことは容易に想像できる。

　上記のような課題がいくつも重なれば，ストレスの高い育児に耐えることが難しいことは想像できるだろう。虐待とは，こうしたいくつかの要因が重なって起こるのである。ただし，重要なのは，ここで述べたのは，個人的要因と思われることだけであるということだ。環境的要因も見逃してはいけないのである。地域が気軽に助け合うような状況にないことや就労先がないこと，子育て支援体制が十分ではないことなど，子育てに悲鳴をあげている親を支援することができない周囲の環境の課題も見逃してはいけないのである。

（2）保護者との関係はどうなっているのか

　施設入所後の子どもと保護者の関係はどうなっているのだろうか。入所した後の交流はないというイメージがあるかもしれないが，前述の調査結果によると児童養護施設に入所している子どものうち，「交流がない」子どもは16.1％でしかなく，52.7％の子どもは「帰省」できているのである。しかも，そのうち4人に1人は，月1回の帰省ができている。

　交流があるということは何を意味しているのだろうか。むろん，子どもにとって帰る場所があることはとても大きい。ゆえに，交流を深め，子どもが家に帰省できるような状況をつくるよう努力する必要はある。だが，交流することが子どもにとって意味あることであるとは限らない場合もある。このことも含め，次に言及してきたい。

2　施設における保育相談支援の目標とは何か

　施設に子どもを預けている親の相談内容は，保育所のそれとは違う性質をもっている部

分がある。保育所における保育相談支援の内容は，親が共に生活する中で生じる子育て不安や子育てに関わる課題についてが主であろう。施設の場合は，その親と子どもが「共に生活していない」のである。

さらにいえば，施設の子どもの場合，その年齢は，就学前のみに限定されるわけではない。児童養護施設でいえば，18歳になるまで施設に入所している。そうした学齢期以降の子どもの発達を踏まえた保育相談支援が求められるのである。

(1) 施設における親子関係の特徴
1) 共に暮らしていないゆえの不安・戸惑い

共に生活していないゆえの戸惑いや不安を受け止めることから相談支援は始まる。例えば，共に生活していないゆえに，子どもの様子がわからない。時々会う子どもとどう付き合ってよいのかわからないなどである。子どものほうもたまに会う親ゆえに不安や寂しさをぶつける。すると親はそれにどう応えたらよいかわからず，戸惑う。

よくあることは，面会の際に，お菓子や物を買ってあげることである。親はどこかで「申し訳なさ」を感じている。自分が育てなければならないのに，それを怠っているからだ。そうした状況で，寂しさをぶつけられれば，子どもの要求を即時になだめることができる「特効薬」を与えてしまいたいという衝動にかられる。しかも，親自身がその親と愛着関係を形成できていない場合，物を与える以外に子どもへの愛情を表現する方法を知らないということもありうる。共に楽しい時間をつくり出す，何げない思いやりや子どもを無条件にいつくしむといった交流を図ること自体難しいのである。

したがって，この「負い目」にまずは「誠実」に向き合えるかである。向き合えないからこそ，できないことをしようとしてしまったり，さらに負い目を感じたくないゆえに，子どもと会うことを回避してしまうようになってしまうのである。

共に暮らせない負い目を言葉にせずとも，態度や様子で感じることができるのであれば，その姿勢を尊重したい。その力を支持したい。そして，親としての本来のありようを取り戻すためにどうしたらよいかを共に話し合える関係をつくりたい。その上で，親としての振る舞いや対処の仕方を少しずつ身につけていけることが大切である。このことも現実の帰省や面会時に起こった出来事（おもちゃを買い与えてしまうなど）を題材にし，それを学習の機会にすることが大切になってくる。

2) 子どもの育ちから「逃避」してしまう

保護者が，自分の「必要」のために子どもを「利用」してしまうような場合もある。自分の寂しさや「とりあえず」の生きる目標として子どもとの面会や帰省を求めるということである。

しかし，子ども以外の依存対象が見つかったような場合（それは，母親であれば「男性」を意味する）に特に，そちらに関心が向いてしまい，保護者と連絡がとりにくくなるということが起こりうる。そこには，「負い目」が手伝う。「申し訳なさ」ゆえに，子どもの「声」を聞くのがきついので，子どもと向き合うことから「逃避」してしまう。そして，連絡が途絶えてしまう。

このようなことが起きてしまうのも、保護者自身が自らの課題と向き合えていないゆえである。関係性を深め、課題を共有できるかが問われてくる。

3) 思春期段階にある子どもと親の関係

思春期といえば、第2の反抗期といわれる発達段階である。親と距離をとり、少しずつ自らの世界を構築する自我の確立期である。その意味で親を批判的にとらえたりすることもできる年齢である。他方、親の側は、「子離れ」の時期ともいえよう。子どもが自分を必要とせず自立していくことを、寂しさに打ち勝ちつつ喜ぶことができ、子どもの自立性を保障することが大切である。

こうした思春期段階に固有の課題を表出するのが施設に入所する子どもであるといえよう。それは、親からの分離をうまく図れないということである。親のもとに帰ることを執拗に要求したりしてしまうのである。親との愛着関係が安定していないゆえに、親に「しがみついて」いないと不安なのだろう。安定した愛着関係ができている子どもは、そこに親がいなくても自分を見捨てるなどとは思わないゆえに、その安心感のもとに距離をとることができるのである。

親のほうも、子どもに「必要とされたい」という欲求にうまく対処することができない。むしろ、親のほうが子どもを必要としてしまい、面会や帰省を要求することがあるくらいである。時に、その要求は執拗で、面会や帰省がかなわなければ怒り出すといったことすらある。この「勢い」に巻き込まれてしまうことも少なくない。こうなると、子どもも面会や帰省を待ち望むゆえに、親に合わせたり、「よい子」を演じてしまうようなことがある。それでは、何のために面会や帰省をしているのかわからなくなってしまう。

(2) 支援目標について

親と子どもが、帰省や面会などで、関係を安定化させることは大切である。だが、帰省することや面会をさせることそのものが支援目標であるとはいい切れない部分があることがわかっていただけただろうか。子どもの成長にとって帰省や面会が意味あるものならば必要であるのだが、親が寂しいゆえに帰省を求めたり、子どもがどうしても帰りたいといっても再び虐待を受けかねないような家庭に帰省をさせることはできない。加えていえば、子どもが家庭に戻る、つまり家庭復帰そのものを目標と限定するのもいかがかと思う。家庭の抱える課題が解決していないのならば、施設で育つことのほうが子どもの成長に望ましいということは十分ありうる。

大切なことは、子どもの健全な発達を促進することである。そして、そのためには、まずは家庭の抱える課題が解決できているのか、保護者がその課題と向き合うことができているのかが問われる。それには、そもそも自分がなぜ子どもを施設に預けることになったのか、その理由や原因を「見つめる」作業が重要である。その課題が改善されないゆえに、子どもの発達に阻害が生じているからだ。子どもは、親が自らの課題に誠実に向き合うとき、その姿勢に励まされ、自分も施設生活に前向きになろうと思うものである。

そして、大切なのは、保育士が保護者を否定的に認識しないことである。「どうしようもない親」「何を言っても駄目な人」という「烙印」を押したくなることもあるだろう。

「いいかげんな言動」を見るにつけ，それが繰り返されていくとき，保護者の否定的な部分のみがクローズアップされてしまうものである。

「いいかげんな態度」が繰り返されるときにも，そのようにしてしか保護者が自分を成り立たせることができない，もしくは，そのようにしてしか生き残れなかったという視点でとらえる必要がある。そして，保護者自身が現状の中で「できていること」を強化するような視点を維持することが大切になる。このことが親の力を見ることにつながるからである。

むろん，言葉で言うのは簡単であり，保護者の強みや力を認識し続けるのは容易ではない。だが，保育士自身がその葛藤に向き合い，それでも保護者と向き合っていこうとする態度そのものが，保護者をして自分の課題と向き合えるようにさせていくことがあるのだ。

まとめると，保護者の課題を明確化し共有した上で，保護者が子どもの発達のために自分に何が必要でどうすることが求められているのかを明確にできることが支援の目標となる。

3 施設における保育士の保育相談支援における役割について

施設に子どもを預ける保護者は，多重の，しかも，それぞれが連鎖している課題を背負っている。保育士は，子どもをめぐる様々な課題を突き付けられることが多いが，その背景の課題を解決することが大切である。保育士の役割は，親と子の関係調整に焦点が当てられる必要があり，そうした背景にある課題解決は，主に他の専門職がこれを行う。施設には，家庭支援専門相談員という家庭の抱える課題を解決する専門職が配置されている。この家庭支援専門相談員と連携しながら，保護者の課題を解決していくことが大切である。そこで，その連携のあり方について述べておきたい。

（1）家庭支援専門相談員との連携

実践経験から述べさせてもらえば，親は，「したたか」であると思う（むろん，そうでなければ自分の人生を成り立たせることができなかったのであろうという側面を認識した上でだが）。「したたか」とは，ある職員にはわがままな態度で要求を通そうとしたり，ある職員には泣いて訴えたりと，職員を見て行動を変えたり，自分の要求を違った形で述べることがあるということである。こういうことがあるので，保護者の訴えの「何が本当なのか」わからなかったり，対応する側が連絡をとり合っていないと，まったく違う対応をしていることになってしまうことがある。それゆえに，絶えず互いに連絡をとり合い，どのようなやり取りをしたのか，その結果についてどう認識しているのかをこまめに確認し合う必要がある。

また，「あなただけが頼りだ」というような依存関係に巻き込み，頼みを聞いてもらえないと「罵声をあびせる」といった激しさをぶつけてくることもあるので，その「勢い」に負けてしまい，保護者のペースでことが進んでしまうようなこともある。そのためにも，

保育士だけで抱え込まないで，自分と保護者の関係がどのようになっているのかを客観的に指摘してもらうなどの連携も大切になってくる。

さらにいえば，保護者にも保育士と家庭支援専門相談員の役割の違いを理解してもらう取り組みが必要であろう。

4 施設における保育相談支援のあり方について

（1）保護者の課題の把握

保護者がその親との関係の中で愛着関係が形成できていないとすれば，その保護者は自分や他者への基本的信頼を十分獲得できていないことになる。人を十分信頼できない，自分が愛されるにふさわしい人間であると十分に思えない中で生きることは，きつい営みである。それでなくても，生きることは時に，人を信頼できなくなるようなトラブルがあったり，寂しくなったりするものである。それを適切に他者に依存することで，人は生きている。

保護者は，トラブルになれば，激しく人を罵倒したり，それを契機に関係を遮断し，一切口をきかないなどの行動をする中で自分を守ったりすることもある。寂しくなれば，それと向き合う中で自ら対処するのではなく，全面的に子どもにその対処を求めてくるようなことがある。

したがって，支援にあたっては，保護者の課題の把握を行うことが基本になる。特に，保護者がその親との関係の中で，どういった育ちをしてきたのか，そこでどういった課題を背負い込むことになったのか，また，トラブルになった場合の保護者のとる対処行動のパターンの把握が重要である。

（2）関係性の構築

保護者との関係形成は容易ではない。関係形成の中で目指されるべきことは，保護者との基本的信頼を形成することにある。

そのために支援者が認識しておくべき事項がいくつかある。その一つは，「保護者が自らの子どもを預かってもらっている」事実に基づいていると考えられる。本来自らが育てなければならなかった子どもを施設に預かってもらっているという事実が，保護者からすれば「申し訳なさ」をどこかで感じさせることになる。それでいて，子どもが保育士と関係ができてきて，その保育士を慕うような現実を見せられると「嫉妬」したりすることもある。その「嫉妬」ゆえに，保育士に冷たい態度をとったり，子どもを自分のほうに取り戻そうと必死になるということもある。

このように，安定的関係が構築しづらいのが特徴であるという認識をまずもつことが大切である。その上で，保護者の理解し難い行動の背後に，その保護者がそのように行動せざるをえない課題があることを常に確認しておきたい。そうでないと保護者の行動に振り回され，保護者へ「恐れ」や怒りを感じたり，「駄目な親」と烙印を押してしまうような

ことが起こりうる。そのようなときに、保育士が感じる様々な感情は、保護者自身が抱えている感情なのであり、それを自ら解決できないがゆえに保育士に投げかけてきているという理解を維持することが大切である。

したがって、保育士が感じる様々な葛藤を保育士自身も周囲のサポートを借りてのり越えていく必要がある。その時にこそ、保護者との関係は構築されていくのである。

（3）課題の共有と直面化

関係が構築されていくにつれ、親は自分の課題と向き合えるようになっていく。大切なことは、最初から課題と向き合えるわけではないということである。

もう一つ大切なことは、子どもとのやり取りを通じて課題を共有することである。子どもに執拗に面会を求めてしまうときに、そこにある課題は何かを共に考えていくのである。具体的な課題を通して考えていくことのほうが、保護者も考えやすい。

ただし、この際に一つ気を付けておきたいことがある。中には、保護者が自分の課題を子どもの課題に「すりかえる」場合があることである。子どもは親が自分のことを真剣に考えてくれないときに、様々な問題を引き起こすことがある。そのような場面に限って、自分が親であることを誇示するために、保護者役割を演じ、「自分はよくやっている親であり問題はない」という姿を見せるのである。ここで問題なのは、保護者が自分の課題に向き合わずにすませていることである。この「すりかえ」は巧みであり、強固でもある。

このような場合であっても、「すりかえ」に丁寧に付き合い、それと向き合っていく関係性を構築し、保護者がその課題に向き合えるよう支援したい。

保護者が自らの課題と向き合うことはとても難しい。だが、親が自らの課題と直面していくとき、子どももまた自らの課題から逃げることなく、向き合い成長していくことができるのである。このことを思うとき、一向に課題が改善せず、そればかりか振り回されることも多い現実の中で、それでも本質を見失わず、保護者に「付き合っていく」ことが支援そのものであり、このことに尽きるように思う。

施設における保育相談支援は容易ではない。相手の人生に思いをはせることが大切であるが、自分の送ってきた人生と大きくかけ離れているときには難しいのである。それでも理解しようとすることはできる。保護者の人生のすさまじさに「自分だったらどうだろう、よく生き残った」と敬意を表することもできる。

私たちがその経験年数の中でできることを誠実に行っていくしかない。その覚悟と決意が保護者の信頼を獲得することになることを忘れないでほしい。

演習

◆虐待した親への認識のあり方について考える

① 「虐待した母親」にどういうイメージをもつか，率直に述べてみよう

② 否定的なイメージをもつとき，そこに何があるのか考えてみよう

③ どのようにとらえることが必要なのか考えてみよう

◆保護者と共に子育ての方法について考える

> A君（6歳）の母親Bさんは，外出の際に子どもが買いたいと思うものを買い与えるという方法でしか，子どもと付き合うことができません。

① Bさんがどのような背景があるか，思いつくことを自由に書いてみよう

② ①で考えたことを踏まえ，Bさんにどのようにしたら自分のしている行動があまり子どもにとってふさわしくないことに気付かせることができるか書いてみよう

③ ②で考えたことを踏まえ，ロールプレイをしてみよう（母親，保育士，観察者）

[感想]

--- ポイント ---

① 親はどういう育ちをしてきているのか考えてみる。
② そこをいかにして共感したらよいか考えてみる。
③ 「率直に伝える」ことが「信頼」を伝えるということについて考えてみる。

Chapter 14 児童福祉施設における保育相談支援Ⅳ
障害児施設における保育相談支援
母子生活支援施設における保育相談支援

ねらい

―障害児施設―

　障害児施設での保育相談支援は，児童養護施設や乳児院などの保育相談支援と基本的には同じである。ただし，障害がある子どもを育てている保護者には，障害がある子どもを育てているからこそ生じる不安や戸惑いがある。そこで，保育相談支援を行うに当たっては，児童養護施設や乳児院などで行われている保育相談支援に加えて障害がある子どもを育てている保護者の不安や戸惑いなどへの配慮が求められる。

　したがって，この章では次に示す障害がある子どもの保護者が抱く特有の不安や戸惑いなどに対する保育相談支援を主な課題として学ぶ。

① 両親などの保護者が子どもの障害が受け止められるようになるには，時間を必要とすることが多い。子どもの状況をありのまま受け止めることができるようになる障害受容の段階について理解すること，併せて段階に沿った支援について考える。

② 保護者，特に母親は，障害がある子どもを産んだという負い目のようなおもいを感じたり，子どもを施設に預けることについても，罪悪感に近い感情を抱くことが少なくない。それらに対する理解，及びその支援について考える。

―母子生活支援施設―

① 母子家庭，父子家庭等一人親家庭の実態を把握する。

② 母子家庭，父子家庭のそれぞれの福祉的ニーズとそのことに対応する社会福祉施策の現状と課題について理解する。

③ 母子生活支援施設利用者の近年の傾向と，保育の専門性を有する保育士等の母子生活支援施設利用者への支援のあり方について理解する。

1 障害児施設の保護者への保育相談支援

（1）障害がある子どもの保護者の障害受容

　まず，障害児施設に自分の障害がある子どもを入所させようとしている，あるいは入所させている保護者に保育士等が配慮しなければならないのは，保護者の子どもの障害についての障害受容である。「なぜ，私なの」「私の子どもに限って障害があるはずがない」と，現実を受け入れられない，障害がない一般の子どもの成長とわが子の成長を比較して落胆する，将来への不安に気持ちが焦るなど，障害がある子どもの保護者は不安と戸惑いを抱いていることが少なくない。保護者が自分の子どもの障害を受け止めることができるようになる障害受容は簡単ではなく，時間がかかることなどを理解する必要がある。

また、障害受容の段階が「ショック」「拒否」「怒り」などの混乱の段階にある保護者は、自らの状況などを周囲の人に共感してもらっても「この苦しみは、人にはわからない」「同情はいらない」と反発、逆に、他の人が状況を客観的に受け止めて何らかの示唆をしたりすると、「冷たい」「人ごとだと思って」などと反発したくなる。保育士等がどのように対応しても、保護者が反発したくなる精神的な状況を理解する必要があるだろう。

保育士等の基本的な対応としては、子どものちょっとした成長を伝えて喜びを共有し合い、障害がある子どもを育てることを一人で背負わなくてもよいことなどを伝え、将来への不安を和らげることが求められる。特に、子どもの障害の受容ができていない保護者には、丁寧に、そして地道に対応することが必要になる。

(2) 障害がある子どもの保護者の"おもい"

自分の子どもを施設に入所させようとしている、あるいは入所させている保護者、特に母親に多いが、少なからず「子どもに障害を負わせてしまった」「障害がある子どもとして産んでしまった」という子どもに対するおもいを抱いている。保護者の「子どもに障害を負わせてしまった」というおもいに、保育士等は当然のこととして「そんなことはありません」と返すが、保護者はそのおもいをなかなかぬぐい去れるものではない。保育士等としては、できれば「考えるべきことは子どもの幸せである」という方向に話を進める、他の障害がある子どもの保護者と話ができるようにするなどが有効である。

さらに保護者は、子どもを手放して施設に預けることについても子どもへの負い目のようなおもいを抱いている。それに対して保育士等は、「うまく施設を利用して、よい親子関係の環境にしてください」と、子どもが施設を利用することで、子どもの成長・発達に対する支援がより得られること、子どもが施設で生活をしている間に家族が受け入れ体制を整えて週末帰宅や期末の帰省を可能にすること、将来は子どもが家庭に戻って生活ができるようにすることなどの話を進めるとよいだろう。

(3) 保育相談支援を行う保育士等が求められているもの

保育士等が備えていなければならない力は、①子どもや保護者の言いたいことを理解する力、②子どもや保護者の力を見極める力、②子どもや保護者の自己実現を支援する力である。これらには、保育相談支援の基本的な理論や技術が集約されているので、この3つの視点で自らの相談支援の実践を整理する、あるいは振り返るとよいだろう。

保育相談支援を行う保育士等が最も問われるのが、自身の障害観、発達観、教育観、子ども観、家族観、人間観、人生観などである。障害がある子どもの保護者は、まさにそれらのことと日々向き合っていると言っても過言ではない。したがって、保育士等は自らの人間観などを見つめ直し高める努力を怠ってはならない。

なお、障害がある子どもについては、保護者も保育士等も子どもの「できないところばかり」に注目しがちである。しかし、最終的には子どもの"かわいい"が共感できる、また成長を伝え合い喜び合える保護者と保育士等の関係をつくりたいものである。

演　習（障害児施設）

◆**障害がある子どもの障害受容が,「ショック」「拒否」「怒り」の段階の保護者を支援する**

1　KJ法*を使って,入園相談に来園した障害がある子どもの保護者の,子どもや障害に対する"おもい"をグループ別にまとめてみよう

2　KJ法を使って,1に対する保育士の応答や話の内容を出し合い,まとめてみよう

3　グループで,保育士には,保護者に対してどのような配慮が必要かを話し合ってみよう

4　2人1組で,保護者役と保育士役となり,相談場面の会話を演じてみよう（ロールプレイ）

---

*KJ法：川喜田二郎によって開発され,それぞれの人がもっている意見や考え方などをカードに書いて出し合い,情報の整理,おもいの意識化,解決方法の模索など,特に参加者が主体的に参加できる討議の方法。

Chapter 14 児童福祉施設における保育相談支援 Ⅳ

◆親戚から「それとはなしに自分の手元で育てないなんてと非難されていることがつらい」と話す，障害がある子どもを施設に預けている保護者を支援する

1 KJ法を使って，障害がある子どもを施設に入所させなければならない理由，あるいは入所させることのメリットを出し合ってまとめてみよう

2 KJ法を使って，障害がある子どもを施設に入所させることのデメリットを出し合ってまとめてみよう

3 KJ法を使って，この保護者に対する支援を出し合ってまとめてみよう

4 2人1組で，保護者役と保育士役となり，相談場面の会話を演じてみよう（ロールプレイ）

ポイント

① 障害受容の段階について理解し，受け止める。
② 障害がある子どもを産んだという負い目のようなおもいを理解し，受け止める。
③ 子どもを施設に預けるということについての保護者の罪悪感にも近い感情を理解し，受け止める。
④ 相談者の相談内容を明確にし，受け止める。
⑤ 保護者の障害がある子どもに対してのおもいや，してきたことを理解し，受け止める。
⑥ 子どもの状況や子どものおもいを保護者に伝える。
⑦ 子どもの"かわいい"や成長を伝える。
⑧ 保護者を励ますなど，保護者の子育てに対する自信，あるいは子育の意欲を高める。
⑨ 障害児施設が障害がある子どもにしようとしていることや大切にしていることを伝える。
⑩ 保護者同士の交流を深める。
⑪ 相談支援者が備えていなければならない，（1）子どもや保護者の言いたいことを理解する力，（2）子どもや保護者の力を見極める力，（3）子どもや保護者の自己実現を支援する力を考える。
⑫ 自らの障害観，発達観，教育観，子ども観，家族観，人間観，人生観を明確にする。

2　母子生活支援施設における保育相談支援

（1）母子生活支援施設と利用者

　母子生活支援施設は，児童福祉法に基づく入所型施設の一つで，保護者が配偶者のない女子またはこれに準ずる事情にある女子であって，その者の監護すべき児童の福祉に欠けるところがあると認められるとき，その保護者及び児童（満20歳に達するまで延長可能）を入所させて保護する施設であり，児童福祉法第38条に規定されている。1996（平成8）年12月の中央児童福祉審議会基本問題部会の中間報告で，「母子寮は，本来個々の母子家庭の態様やニーズに応じきめ細かなサービスを行い，それぞれの母子家庭の自立に向けて積極的な支援を行うことが求められている施設である。しかし，現行の母子寮の中には，単なる住居の提供にとどまっており，母子家庭のケースワークや子どもの健全育成を図るという役割を十分果たしていない施設も少なくない」と指摘され，1997（平成9年）の児童福祉法の一部改正に伴い名称が「母子寮」から「母子生活支援施設」に変更され，また，従来の住居の提供，保護から母子家庭の自立支援を援助する機能が重視されるようになった。

　2008（平成20）年の全国母子生活支援施設協議会による「平成20年度全国母子生活支援施設実態調査」による入所世帯数3,942世帯によれば，母子世帯になった理由の55.8％が「離別」，「家出」26.5％，「未婚の母」が12.8％である。入所理由は，「配偶者からの暴力」が42.8％で最も多く，「住宅事情による」22.7％，「経済的理由による」の16.9％がこれに続いている。退所者の在所期間は74.1％が3年未満であるが，3年以上が25.9％と約1/4のものが3年以上にわたっている。入所世帯の母親の70.3％が就業しているが，母親の収入は，正規雇用でも，月額15万未満が54.3％である。住宅の問題，経済的問題，母親自身の対社会関係の問題など様々な理由で援助の必要な母子にとって，親子が分離することなく同時に入所し，援助を受け，子どもの養育と母親自身の自立した生活を作り上げていくために有効に機能しうる可能性のある施設である。2009（平成21）年現在，全国278か所の施設に，4,028世帯が入所している。職員として，母子の生活指導を行う母子指導員が置かれている。また，必要に応じて保育所に準じた設備を設けることになっている。戦後60年を過ぎた今日，建物，設備面での改善が急務であるところが少なくない。

　なお，2011（平成23）年の児童福祉施設の設備及び運営に関する基準の改正で，提供するサービスの質の向上を図るため，施設長の資格要件及び2年に1回以上の研修受講の義務化，また，施設として3年に1回の第三者評価の受審が義務づけられた。

（2）母子生活支援施設における保育相談支援

　近年の調査研究の一つとして，東京都内のある母子生活支援施設の保育士に対する聴き取り調査を通しての近年の利用者の実態と，それらに対する保育士等の保育相談支援の例が紹介されている[1]。それによれば，①精神疾患のある母親が多いこと，②25歳以下の若年女性や若年の未婚の母が増加傾向にあること，③母親自身が子ども時代に適切な養育を

受けて育っていないケースが多く、母親を育てなおす支援が必要となっていること、④保育士に対して攻撃的な母親が増加しており、クレーム対応に追われたり、ストレスに苦しむ保育士が増えていることなどがある。そしてこのような利用者に対する保育相談支援を行う際に工夫していることとして、例えば、精神疾患の母親に対しては、その領域における専門的知識を必要とすることとか、若年の母親や、子ども時代に適切な養育を受けていない母親に対しては、保育士は子どもにとってだけでなく、母親にとっても「親」の役割を果たすように心がけていること、また攻撃的でクレームの多い利用者に対しては、連絡帳などに子どものマイナス面を書かないような配慮をしたり、職員間（保育士間）で、「悪いことを伝える人」と「母の怒りをフォローする人」などの役割分担をして関わることなどとしている。いずれにしても、母子生活支援施設という施設の特性から、保育士は、母親側と子ども側の両方の立場に立つ姿勢と、保育相談支援を行う際にも、「母親としてどうあるべきか」という視点と同時に「家族である母子ユニットとしてどうあるべきか」という視点をもつ必要性があるとして、そのため、保育士として、常に客観的に、また総合的に母子の状態やニーズを把握するよう心がけるとともに、一人の保育士では困難なケースに対しては、複数の保育士で関わるような工夫をしていることなどが報告されている。

　このように、母子生活支援施設における保育相談支援は、子どもの保育と保護者に対する相談支援を専門にしている保育士が、施設を利用する母子にとって、まさに専門性が生かされる場面である。しかしながら上述のように、課題を抱えた近年の利用者の増加という実態の中では、相談支援のあり方、知識・技術などについて、養成校段階での基礎的な学びに加えて、現場に入ってからの研修による専門性の向上が必須のものであろう。

（3）父子家庭に対する支援

　2006（平成18）年11月の厚生労働省による「全国母子世帯等調査」によると、父子家庭（満20歳未満の子どもがいる配偶者のない男性）は、全国で19万9,000世帯となっている。父子世帯になった理由は、離婚74.4％、死別22.1％である。平均年収は421万円で母子世帯（213万円）の約2倍であるが、一般世帯（563.8万円）の3／4程度である。経済的問題に加えて家事・育児ので問題を抱えている場合も多い。このような父子家庭に対する施策は乏しく、福祉的対応が遅れている。国は父子家庭対策として1982年度より介護人（ヘルパー）を派遣する事業、1991年度より、父親が仕事などで恒常的に帰宅が遅くなる場合、児童養護施設等（里親を含む）で、食事や入浴の世話をするとともに生活指導を行う「父子家庭等児童夜間養護事業」、1996年度から、父子家庭の子どものために大学生等を派遣する父子家庭等支援事業（ホームフレンド事業）などを実施してその福祉の向上を図っている。しかしながら、このような制度の利用実態はきわめて低く、利用者の真のニーズには応えられないまま今日まで推移している。ただ国は2003年度からは、子育て支援サービスについて、父子家庭も対象とすることを母子及び寡婦福祉法に明確に位置付けた。さらに、2010（平成22）年より、父子家庭の父にも児童扶養手当を支給することにした（約10万世帯、児童一人の場合月額41,720円）。

演 習 (母子生活支援施設)

◆母子家庭, 父子家庭等一人親家庭の実態を, 各種調査資料を通して把握しよう

[母子家庭の実態]

[父子家庭の実態]

◆母子家庭, 父子家庭のそれぞれの福祉的ニーズを理解しよう

[母子家庭の福祉的ニーズ]

[父子家庭の福祉的ニーズ]

◆母子家庭, 父子家庭の福祉的ニーズに対応する社会福祉施策の現状と課題について理解しよう

[母子家庭施策]

[父子家庭施策]

◆母子生活支援施設利用者の近年の傾向と, 保育の専門性を有する保育士等の母子生活支援施設利用者への支援のあり方について理解しよう

[母子生活支援施設利用者の近年の傾向]

[保育士等の支援のあり方]

ポイント

① 母子家庭, 父子家庭等一人親家庭の実態を把握することができたか。
② 母子家庭, 父子家庭のそれぞれの福祉的ニーズ, いわゆるそれぞれが抱えている問題, 課題を理解することができたか。
③ 母子家庭, 父子家庭の福祉的ニーズに対応する社会福祉施策の現状と課題について理解できたか。
④ 母子生活支援施設利用者の近年の傾向が理解できたか。
⑤ 保育の専門性を有する保育士等による母子生活支援施設利用者への支援の具体的なあり方について理解できたか。

引用文献

1）柏女霊峰ほか（2010）．児童福祉施設における保育士の保育相談支援（保育指導）技術の体系化に関する研究（1）―保育所保育士の技術の把握と施設保育士の保護者支援―，日本子ども家庭総合研究所紀要，54．

参考文献

石井利香編・渕野辺保育園協力（2000）．障害児の親から健常児の親へ―統合保育が当たり前の世の中になることを願って　朱鷺書房．

小林育子（2010）．演習　保育相談支援　萌文書林．

全国社会福祉協議会・全国母子生活支援施設協議会（2009）．平成20年度全国母子生活支援施設実態調査．

野辺明子・加部一彦改定・横尾京子編（1999）．障害をもつ子を産むということ―19人の体験　中央法規出版．

ぽれぽれくらぶ（1995）．今どき　しょうがい児の母親物語　ぶどう社．

Chapter 15 保育士に求められる保育相談支援

ねらい

① これまでの授業の経過を振り返り，学習目標を達成できたか，自己評価を行う。
② 自身について振り返り，自己覚知を深める。
③ 保育士に求められる保育相談支援について理解を深める。

1 保護者への対応 —A子さんのその後—

　第1章で，保育士になりたてのA子さんの事例を記した。これまで園生活を楽しみに登園していたTくんが，母親と別れる際に泣くようになったこと，ある朝，母親が泣いているTくんを叱責し，さらに保育士に対しても憤りをぶつけてきたという出来事である（p.1「ある朝の出来事」参照）。

　◆あなたがA子さんであれば，母親にどのように対応するか，具体的な対応例をいくつでも挙げてみよう

　　　　　　　　　　　　　　　　　　　　　　　　　　　　　　　　　　　　　

　以下は，その後のエピソードである。

《出来事のあった日の夕方》
　A子さんは，朝の出来事について，すぐに主任保育士のB先生に報告・相談した。その日の夕方，A子さんとB先生と2人で母親のお迎えを待つことにした。母親が園に迎えに来ると，B先生が「お帰りなさい。今朝は大変でしたね」と話しかけた。A子さんは，「今朝は，門を出たところまでお母さんの後追いをさせてしまって，本当にすみませんでした」と謝まった。母親は硬い表情でA子さんに向かって「私が怒ったことも，B先生にいいつけたんでしょう」と言う。B先生が「私，お母さんのことを心配していたんです。ここのところ忙しそうなので大丈夫かしらと，ずっと気になっていたんですよ。もっと早くに声をかければよかったですね」と言うと，母親の表情が少し和らぎ，「ええ，ちょっと職場でいろいろあって……」と言う。B先生が

「少しお時間がありますか。こちらでお話を聞きたいのですが」と誘うと，母親はうなずき，面接室で三人で話すことになった。

そこで母親は，同僚が病気でずっと休んでおり休憩時間もとれないほど仕事が大変なこと，家に帰ると疲れて洗濯も掃除もできず，いらいらすることなどを打ち明けた。

B先生は，「お話ししてくれてありがとうございます。本当に大変ですね。お母さん，からだに気をつけてくださいね」と，母親が話をしてくれたことに感謝をして，苦労をねぎらった。それから，Tくんの朝の話になった。明日からはTくんのペースで朝の支度をし，母親が出かける時間になったら保育士が代わること，母親と別れる際にはTくんと保育士が玄関まで見送り，母親にぎゅっと抱きしめてもらってからバイバイすること，その時にTくんが泣いても保育士が後を引き受けるので安心して仕事に出かけてほしいこと，などを話し合った。A子さんが「Tくんはお母さんと別れるとしばらくは寂しそうな様子ですが，折り紙に誘うと集中して折り始め，それから後は元気に遊んでいます。Tくんは折り紙の端と端をぴったりそろえてとてもきれいに折るので，5歳児クラスのお兄ちゃんたちもびっくりして「Tくんはすごいなあ」と，ほめられるんですよ。手指の巧緻性が高いですよね」と話すと，母親は「そうですか」と，うれしそうな表情になる。話し合いを終えて保育室にTくんをお迎えに行くと，Tくんは折り紙の指輪を持ってかけてきて「ハイ，ママ」とプレゼントした。「Tくんが今朝，折ったのね。いつも走って帰ってきてくれるお母さんにプレゼントするって」とA子さんが話すと，母親は「本当に，きれいに折れるのね」と指輪をじっと見ている。そして「これ，ママの好きな赤い指輪だわ」と気づき，「ありがとう!」とうれしそうにTくんを抱きしめた。

《8か月後》

それから8か月が経った。2月に保護者に保育参加を呼びかけると，いつも忙しそうなTくんの母親も参加してくれて，一緒にクッキングを楽しんだ。帰り際にTくんの母親がA子さんに，「先生が担任になってから，もうすぐ1年になるんですね。今日はTの成長が見られてうれしかったけれど，A先生のこともうれしかったんですよ。本当に素敵な先生になったなあと思いながら，先生のこと見ていました。私がこんなことを言うのも変ですが，この1年で先生はすごく成長しましたよね。子どものことをよく見てくれていて，いつもいろいろとTの様子を話してくれるので，私は先生のことをとても頼りにしています」と話しかけてきた。10歳も年上でしっかり者のTくんの母親から，頼りにしていると言われて，A子さんはうれしかった。

◆この事例のその後を読んで，どのようなことを感じたか書いてみよう

2 保育士に求められる保育相談支援

　保育相談支援とは，保育士による家庭支援の総称であり，18歳未満の子どもと保護者を対象とする多様な保育，養育，療育，子育て支援の現場における家庭支援に共通する基本的な技術をさす。さらに保育と家庭支援が一体化して取り組まれるところに，保育相談支援の独自性がある。

　家庭支援というと，経験豊かな保育士が担うものと考えられがちだが，実際には1年目の保育士であっても，日々，保護者と関わる機会がある。そこでの意図的な関わりや機会の積み重ねが，保護者としての喜びや自己肯定感を高め，その成長につながることを理解し，このような観点から自身の関わりや言動，振る舞いを点検することが，専門職である保育士には求められる。ただし，家庭支援のすべてを個人が担うのではなく，職員全体でチームとしてこれに取り組み，各自の経験や専門性に応じて役割分担をすることが重要である。

　さらに，保育士としてのスタート時点から，このような子どもの背景にある家庭や地域に目配りし対応することは，子どもの24時間の生活をデザインし発達の連続性を支えるという観点や，親子関係や地域での関わりも含めた広がりのある人間観・子ども観を土壌として保育に取り組むという点からも，欠かせないことである。

　したがって保育相談支援は保育士養成の必修科目として位置付けられており，すべての保育士が家庭支援の視点をもち，その基礎を学んで保育士となる。もちろん養成校での学習で必要な専門性のすべてを習得できるものではなく，基礎的な知識と技術を身につけて，現場で保育士として経験を積んだ後に，ステップアップのためにさらに保育相談支援について学ぶルートが必要である。さらに，日頃の保育の場面でこれを意識することで，保育と家庭支援の力量が相互に作用し，どちらの専門性も高まっていくことが期待できる。いずれにしても，現在の保育の場の現状をみれば，保育相談支援の視点と専門性をもたずに，保育士として働くということは，不可能である。

　留意すべき点は，支援というと"問題"に目が向きがちとなる点である。しかし保育相談支援とは，家庭の不足している点や問題点を指摘して治すというよりも，むしろ保護者がもつ力を引き出したり，子育てを共有することで互いに成長し合うものである。子どものかわいらしさや成長を語り合い，喜び合う関係が望まれる。同様の観点から，保護者との話し合いの最後も，必ず，保護者が希望をもつことができること，子どもの成長や未来を信じることができる話で終わることが大切である。保護者は一人で子育てをしているのではないこと，支え続けることを確認する。つまり，保育所における保護者支援の基本は，保護者がもつ力を尊重し，パートナーシップに基づく関わりや協働を深めていくことにある。その過程で保護者は自ら助言・相談を求めたり，他者をモデルとして養育力を高めたり，問題を解決する力を培っていく。それは問題の発生を予防したり，早期に発見・対応して深刻化を防ぐことにもつながる。

　さらに，困難な問題がある家庭への支援に際しては，著しい変化を期待するというより

も，むしろ子どもの現在と未来を支えるという視点が大切となる。可塑性と可能性に富む子どもを保育することと比べると，何十年も生きてきた保護者は変わりにくく，また複雑な要因が絡んだ家庭の問題の中には，保育相談支援では解決できない要素もある。事態がなかなか改善されないことが苦しく，保護者の責任だからと，あきらめてしまいたくなることもあろう。しかし専門職としての距離を保って支援し続けることは，保育士としての責務である。なぜならば，あきらめずに支え続ける人がいるということが，二度と戻ることのできない子ども時代の幸せを守る最後の砦となるからである。そして子どもの未来はどうだろう。周囲から見放され，問題が一層深刻化した状況で思春期の危機に直面する子どもは，いかにして自己と社会への信頼を獲得するのだろうか。自分と自分の家族をあきらめなかった人がいること，支え続けてくれた人がいるということが，思春期の壁を乗り越えるための貴重な糧となる。

　それらの困難を通して得た経験や専門性は，保育士自身の人間観や子ども観を豊かにしてくれる。一人一人の話に耳を傾けながら，その方の生き方や決定を尊重して支え続けていくということは，人が人を支援する際の基本であるばかりではない。そのような人との深い関わりの中で生きていることを幸せだと感じられるならば，それは保育士自身の人生に厚みと深みをもたらし，保育の質を高めるものとなろう。

3 ポイント

　保育相談支援の学習目標は次の4点である。これに沿って，学んだことや気付いたこと，印象に残っていることを自由に書いてみよう。

1　保育相談支援の意義と原則について，どのように理解したか

2　保護者支援の基本について，どのように理解したか

3　保育相談支援の実際を学び，内容や方法をどのように理解したか

4　保育所等児童福祉施設における保護者支援の実際についてどのように理解したか

★ 編著者

大嶋　恭二（元共立女子大学家政学部教授）……………… 2章，14章-2
金子　恵美（日本社会事業大学社会福祉学部教授）……… 1章，8章，9章，15章

★ 著者（五十音順）

小原　敏郎（共立女子大学家政学部教授）…………………… 7章
金森　三枝（東洋英和女学院大学人間科学部准教授）…… 4章，5章
小沼　肇（小田原短期大学名誉学長）………………………… 14章-1
寺見　陽子（神戸松蔭女子学院大学人間科学部教授）…… 10章
山縣　文治（関西大学人間健康学部教授）…………………… 3章
山岸　道子（元東京都市大学人間科学部教授）……………… 11章
山田　勝美（山梨県立大学人間福祉学部教授）……………… 13章
和田上貴昭（日本女子大学家政学部准教授）………………… 6章，12章

保育相談支援

2011年（平成23年）4月25日　初版発行
2019年（令和元年）8月15日　第10刷発行

編著者　大嶋　恭二
　　　　金子　恵美
発行者　筑紫　和男
発行所　株式会社　建帛社
　　　　KENPAKUSHA

〒112-0011　東京都文京区千石4丁目2番15号
　　　　　　TEL（03）3944-2611
　　　　　　FAX（03）3946-4377
　　　　　　https://www.kenpakusha.co.jp/

ISBN 978-4-7679-3290-3　C3037　　　　中和印刷／ブロケード
Ⓒ大嶋恭二，金子恵美ほか，2011　　　　Printed in Japan

本書の複製権・翻訳権・上映権・公衆送信権等は株式会社建帛社が保有します。
JCOPY〈出版者著作権管理機構　委託出版物〉
本書の無断複製は著作権法上での例外を除き禁じられています。複製される場合は，そのつど事前に，出版者著作権管理機構（TEL 03-5244-5088, FAX 03-5244-5089, e-mail : info@jcopy.or.jp）の許諾を得て下さい。